教育部国别和区域研究系列丛书
北京语言大学国别和区域研究院
丛书主编：罗 林

全球化与利益共同体
GLOBALIZATION AND COMMUNITY OF INTERESTS

王 琛/宫秀川 ◎ 著

时事出版社
北京

图书在版编目（CIP）数据

全球化与利益共同体/王琛，宫秀川著 .—北京：
时事出版社，2020.12
 ISBN 978-7-5195-0343-7

Ⅰ.①全⋯　Ⅱ.①王⋯②宫⋯　Ⅲ.①国际关系—研究
Ⅳ.①D81

中国版本图书馆 CIP 数据核字（2020）第 261910 号

出 版 发 行：时事出版社
地　　　址：北京市海淀区万寿寺甲 2 号
邮　　　编：100081
发 行 热 线：（010）88547590　88547591
读者服务部：（010）88547595
传　　　真：（010）88547592
电 子 邮 箱：shishichubanshe@ sina. com
网　　　址：www. shishishe. com
印　　　刷：北京朝阳印刷厂有限责任公司

开本：787×1092　1/16　印张：7.5　字数：100 千字
2020 年 12 月第 1 版　2020 年 12 月第 1 次印刷
定价：68.00 元
（如有印装质量问题，请与本社发行部联系调换）

目录 Contents

第一章　导言

第一节　问题的提出：选题的背景及意义 / 1

一、选题背景 / 1

二、选题意义 / 4

第二节　相关理论文献综述 / 7

第三节　研究方法与主要内容 / 10

一、研究方法 / 10

二、主要内容 / 13

第四节　研究难点及主要创新点 / 15

一、研究难点 / 15

二、主要创新之处 / 16

第二章　国家利益理论中的共同利益研究

第一节　国家利益和共同利益的界定 / 19

一、国家利益 / 19

二、共同利益 / 21

第二节　现实主义视阈下的国家利益和共同利益 / 22
 一、现实主义视阈下的国家利益 / 22
 二、新现实主义视阈下的国家利益 / 25
 三、现实主义视阈下的共同利益 / 28

第三节　新自由主义眼中的国家利益和共同利益 / 28
 一、新自由主义眼中的国家利益 / 28
 二、新自由主义眼中的共同利益 / 30

第四节　建构主义研究中的国家利益和共同利益 / 32

第五节　国家利益的分类 / 36
 一、国家利益的层次 / 36
 二、中国的国家利益结构 / 40

第三章　共同体理论分析

第一节　共同体的界定 / 45

第二节　共同体理论与西方自由理论的融合 / 49

第四章　利益共同体的界定与分析

第一节　利益共同体概念和分类 / 57
 一、利益共同体的定义 / 57
 二、利益共同体的分类 / 57

第二节　政治利益共同体分析 / 59
 一、共同的文明基础 / 61
 二、公民社会的支撑 / 62
 三、工业文明 / 63

第三节　经济利益共同体分析 / 65
　　一、世贸组织的局限性促进区域经济一体化和经济共同体的发展 / 66
　　二、区域经济一体化形成利益共同体 / 67
　　三、通过经济共同体的建设来推动国内的体制改革 / 68
第四节　文化利益共同体分析 / 70
第五节　安全利益共同体分析 / 74

第五章　全球化与利益共同体

第一节　全球化时代下的利益共同体分析 / 81
　　一、国际利益与国家利益 / 83
　　二、共同利益的意识 / 84
　　三、国际制度的保证 / 86
第二节　利益共同体下的国家利益分析 / 87
第三节　利益共同体下的国家身份分析 / 94
第四节　"逆全球化"中的利益共同体分析 / 99

参考文献 / 105

第一章 导　言

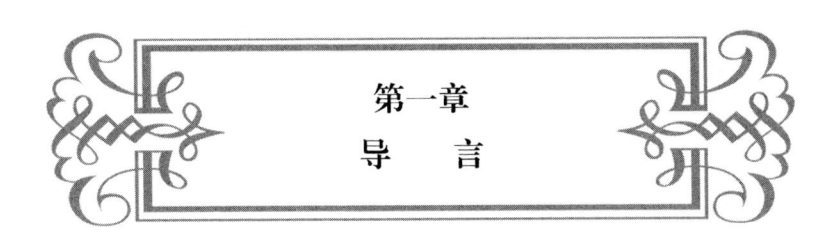

第一节　问题的提出：选题的背景及意义

一、选题背景

进入 21 世纪后，"9·11"事件、全球性金融危机、新兴大国的崛起以及美国的战略调整成为国际政治领域中的标志性事件，国际形势变得更为复杂，国际秩序也不断受到冲击。而在这些事件的背后，中国抓住了战略机遇期，其持续快速的发展备受关注，成为当今世界最大的政治和经济变量。其实自改革开放后，中国经济迸发出来的活力和可持续的张力，已成为美国"衰落"的背景板。

可以说，这几个标志性事件也成了中国快速发展的外部条件，"9·11"事件的爆发，迅速扭转了布什政府上台时将中国定为"战略竞争对手"的局面，也打破了南海撞机事件的僵局。美国在"9·11"后连续发动了两场反恐战争，减缓了中国面临的战略压力，尤其是布什政府在反对"台独"

问题上的坚决态度，更为中美关系增加了新的解释。2008 年，滥觞于美国的金融危机让华尔街饱受诟病，随后的欧债危机使人们开始质疑欧盟的制度设计，美欧的危机使得世界经济遭到前所未有的重创。当西方国家对陷入危机中的经济一筹莫展之时，2010 年中国经济总量超过日本，成为世界第二大经济体，使全球为之侧目。与中国一样迅速崛起的还有"金砖国家"的其他几个成员，因为应对金融危机比较得当，"金砖国家"成为全球治理的重要国际行为体。随着 2015 年金砖国家开发银行和亚投行的相继成立运营，以及 2016 年 10 月人民币成为国际货币基金组织（IMF）特别提款权（SDR）货币篮子中的一员，中国成为国际舞台上真正的全球性大国。21 世纪国际关系的主线必定围绕着大国，尤其是中美两个大国之间展开。

奥巴马上台时承诺，决不允许美国成为"第二"。随后，美国重新调整国家安全战略，一方面从伊拉克和阿富汗施行战略撤离，另一方面"重返亚太"，战略重点转向防范中国崛起带来的挑战。美国高调重返亚太，使中美两国在亚太地区爆发危机的概率大增，"钓鱼岛问题""南海问题""萨德导弹事件"等事件的背后都能找到美国的身影。周边国家认为，与中国的问题必须尽快解决，如果等到日后中国更加强大，就更没有机会解决了。而美国重返亚太，也有"安抚"盟友的战略意图，有了美国"撑腰"，周边国家似乎得到某种意义上的"战略背书"，于是在大国之间纵横捭阖，博取利益。因此，一段时间以来，中国周边态势恶化也是一种必然，是大国在崛起中必然要经历的过程。对于美国来说，中国的实力越接近美国，美国必然行事越鲁莽，这种结构性的变化，如同运动员在弯道上防止被超越而不惜采取犯规的小动作一样。纵观历史，当新兴大国实力接近守成大国之时，也是两者关系最动荡和不稳定之际。这就是"修昔底德陷阱"，即"雅典实力的不断增长和这种不断增长的实力在斯巴达引起的恐惧，让战争变得不可避免"，也印证了"木秀于林，风必摧之"的中国古训。

　　为了应对安全困境，防止陷入"修昔底德陷阱"，中国政府宣称"中国把中国人民的利益同世界各国人民的共同利益结合起来，扩大同各方利益的汇合点，同各国各地区建立并发展不同领域不同层次的利益共同体，推动实现全人类共同利益，共享人类文明进步成果。"构筑利益共同体不是一句空洞的口号，其内涵具有时代性。20世纪发生的两次世界大战，给国家间的利益关系打上了排他和对立的零和标签，并且这两个特征在冷战时期又得到进一步加强。进入全球化时代后，由于各国利益的界限变得比历史上任何时期都要模糊，并且高度交融，传统的国家利益观受到极大的挑战。因为世界经济一体化让每一个国家在客观上成为国际利益链条上的一个环节，尤其是大国之间的利益关系更为复杂，形成"你中有我，我中有你"的局面和"一损俱损，一荣俱荣"的态势，如果为了得到更多利益而采取传统零和的方式损害他国利益，不仅自身的国家利益达不到预期，还会通过国际利益链条波及其他国家，甚至会损害自己的国家利益。因此，在经济全球化时代，任何国家利益的实现都必须建立在别国利益也能够得到实现的基础上。其实，人类社会本身就是一个相互依存的共同体，人类社会面临的问题比以往更为复杂，解决这些复杂的问题，需要人类树立共同体意识，在共同体意识下寻求各方利益的契合点，以及各方合作的最大公约数，让合作的利益大于冲突的利益，方能体现各方的智慧，在共同体下各尽所能，使全球化的成果和全球治理的成效惠及全人类。为此，中国一直致力于推动国际关系民主化，主张的利益共同体原则就是"编织更加紧密的共同利益网络"，不仅把利益融合提升至更高水平，更重要的是，在互惠互利的原则上，与相关国家开展更深层次的合作，建立涵盖更多领域的利益共同体。

　　本书正是基于上述论点展开论述。

二、选题意义

在中国崛起的过程中，国际上一直存在着各种担忧，尤其是针对中国发展的性质和方式，以及未来会给世界带来哪些不确定性，国际上引发了激烈的争论。由于历史上国强必霸的现象反复出现，历史的惯性自然会将这种现象套用在中国的崛起上。而"修昔底德陷阱"又使目前的守成国一直担心其霸权治理体系和国际秩序被崛起国打破，而且中国近几年在国际上的一些举措，又使国际社会和守成国的担心有了背书。国际社会已经习惯了通过"财富创造权力，权力制造威慑"的逻辑来解读国际关系，并成为国际关系相关范式的起点。依照此逻辑，中国的发展必然会在现存国际体系内产生冲击，导致权力分配的失衡，引发权力的再分配，这个过程一定会对世界繁荣和平产生巨大的挑战。另外，自从中国融入国际社会，身份一直是困扰的问题，其多重复合的身份不仅让发达国家茫然，而且广大发展中国家也开始对中国有了新的认识。在一些国际场合上，虽然我们一直认为自己是最大的发展中国家，但是发展中国家却认为中国是一个发达的国家，身份出现国际认识的错位，也为担心中国强大后称霸增添了不确定性。

但是这些认识都脱离了一个重要的现实依据，那就是全球化的深入发展。在过去的 30 多年里，全球化成为人类进步最重要的驱动力，而中国的改革开放恰逢这一历史时机，从而实现了在不到半个世纪里的快速和平崛起。这里的和平崛起有别于历史上任何一个崛起国的发展方式。其实，要看到的是，无论是"修昔底德陷阱"，还是国强必霸的思维，都是在国际规则没有成型，甚至还没有国际规则的情况下出现的国家崛起过程中的现象，在没有国际制度的国际社会里，自然是丛林法则。而中国作为一个"后来者"融入国际社会中，通过参与国际机制，同意遵守既定的国际规范，和平地调整与世界的关系，与世界形成良性互动，并且中国的发展是在国际制度已经非常完善、国际法律体系日臻成熟的背景下进行的，只有融入国际社会，接受国际规则，中国才能成为"世界工厂"，"中国制造"才能为世人瞩目。中国发展所取得的成就并不是在一个封闭状态下完成的，而是通过全方位的开放，与世界紧紧融在一起，在与国际社会进行深度互动的过程中完成的，并形成"你中有我、我中有你"的相互依存的关系。如果说中国刚进入国际体系时的发展离不开世界，那么在金融危机的阴霾尚未消散的今天，世界经济的恢复与发展更离不开中国，因为中国已经成为目前驱动世界经济发展最强的动力来源。尤其是在全球化受到极大挑战的时期，贸易保护主义的兴起使世界发展的不确定因素增大，在这样的情况下，就要不断提升中国与世界的依存度，通过与相关国家经济、政治、文化等方面的交往，不断拓展深层领域间的合作，如此才能共同对冲金融危机的负面影响。因此可以看出，中国与世界是一种复合的依存，呈现出综合性的关联以及深层次的交融。在与外部世界交往的过程中，中国提出来的外交战略，是深度互动的过程中最具操作性的表达，更是在不断深化的合作中外溢出来的良性效应的直接反映。作为世界经济发展最大的贡献国，中国为相关国家提供了更广阔的市场和发展空间，促成世界经济发展的最大外溢效应。[①] 中国的发展同样给世界诸多国家带来了发展的红利，正面的外溢效应有力地回击了国际上的种种猜测和恶意揣测。

中国改革开放以来取得了翻天覆地的变化，在与国际体系的互动中，主动改变自己，深度融入国际社会，遵照国际体系的制度行事，成功地将各国的利益与中国的利益有机地紧密连接，拓展国际合作的路径和目标，抓住了难得的重要战略机遇期，并成为国际社会的利益攸关者。在这个过程中，中国越来越认识到人类共同利益的重要性。中国与世界深度互动的

---

① 习近平：《共同维护和发展开放型世界经济》，中共中央文献研究室编：《十八大以来重要文献选编（上）》，中央文献出版社2014年版，第358页。

过程中，世界上发生了多次国际性金融危机，尤其是在20世纪90年代的亚洲金融危机和2008年的全球金融危机中，身处危机旋涡中的中国并没有消极避世，更没有与邻为壑自保为主，而是积极采取行动，在与各国一道处理危机的同时，也树立了负责任大国的形象。全球化不仅带来资本、技术和人员在超国家层面上的流动，同样，一国的经济危机也会通过全球化的载体迅速蔓延开来，但不能因为危机的影响而质疑全球化，因为历史已经清晰地表明，全球化大势不可逆，在这一大势面前，每一个国家都很难在封闭状态下获得发展，国家之间相互依存的关联性越来越大，逐渐形成复合型的利益纽带。只有通过相互依存和相互倚重的有力措施，各国才能成功应对和渡过危机，从而维护国际社会的共同利益。

其实，人类社会本来就是一个相互依存的共同体，在全球化背景下，这种共同体的特征愈发明显，一个国家的发展离不开全球市场，但是这种高度融合的市场一旦发生危机，同样会迅速通过全球化的载体传至其他国家。肇始于美国的金融危机至今没有消除，其中一个重要原因就是，全球化使每一个开放的国家成为世界经济的一部分，在一荣俱荣、一损俱损的状态下，金融危机的破坏力也呈几何式的增长，对经济脆弱的发展中国家造成的伤害远远超过发达经济体。即使是一场流行病，也会通过人员无国界的流动波及世界其他地区，甚至危及全球。由此可见，处于这样的一个共同体内，国家的发展不能再像以往一样采取"自助"的行为，而应当在更多实现自身利益的同时，兼顾他国利益的实现。在全球化下，一国不可能再获得与以往一样国家利益的最大化，取得利益的方式也不再是零和博弈，因为在全球化这样一个共同体下，每一个开放的国家都自觉不自觉地成为共同体内共同利益链条上的一环，要保持利益链条的持续不断，就不容中间任何一个国家出现"掉链子"现象。如果哪一个国家以自身利益为出发点，主动损害他国利益来获得自身利益的最大化，必然会损害共同的利益链条，这种做法不仅会让他国的利益无法实现，还会导致自身的国家利益无法如期实现，更有可能会导致整条国际利益链条的断裂。因此，全球化背景下，任何一个国家利益的实现都不再是零和方式，而是要保证其他国家利益同样能够实现自身利益，这就需要对国家利益观有一个全新的认识：必须维护国家间共同的利益纽带。"利益兼顾"既是各国利益交汇之处，也是深化国家关系的关键之处。因此，建构国家之间的利益共同体、命运共同体，是当今世界上各个国家的迫切之需。

第二节 相关理论文献综述

本书研究的利益共同体是在全球治理范畴下展开的，利益共同体的提出是对全球治理方式的创新，是一个解决全球问题的"中国药方"，国外学者对此没有涉猎。利益共同体一词，最早由中央党校前常务副校长、改革开放论坛理事长郑必坚用于国际政治领域中。2004年，他提出中国在和平崛起进程中，需要全方位地同周边国家和地区，以及一切相关国家和地区，逐步构建"利益汇合点"，构建"利益共同体"。按照郑必坚校长的思路，构建利益共同体应该循序渐进、由点及面地不断扩大利益汇合点。进而他又指出，中国在和平崛起进程中，一定要做到、也一定能够做到同相关各方形成轻易拆解不开的、多方面的和不同领域、不同层次的利益共同体。[①] 与世界各国建立广泛的利益共同体是中国和平发展的最终结果。

中国学者在经济学领域中也运用了利益共同体的概念。易鸣认为，共赢与共识在经济学领域中是构成经济利益共同体的前提条件，共赢状态可以用"帕累托改进"来解读，共识是在利益共同体下，各方通过相互博

[①] 郑必坚：《全方位构建国际"利益汇合点"和"利益共同体"的几点思考》，《毛泽东邓小平理论研究》2011年第3期。

弈，并在博弈的过程当中最终达到一个平衡的状态，就是"纳什均衡"。而对于利益共同体的形成过程来说，共赢和共识这两个条件需要同时满足，如果缺少其中任何一个，利益共同体就无法构成。进一步说，帕累托改进下的共赢构成利益共同体的必要条件，纳什均衡下的共识则可以认为是利益共同体形成的前提条件。也就是说，如果没有帕累托改进，就没有必要构建利益共同体；而如果各个利益主体在追求利益的过程中，对利益共同体的预期收益、分配模式和规则以及所取得的认可没有形成纳什均衡，即使这种状态是帕累托改进形成的，最终也无法实现。所以，凡不符合帕累托改进和纳什均衡的制度安排都是没有实际操作意义的，因为各相关利益主体不存在自觉遵守这个制度的积极性和主动性。[①] 高健认为，在市场经济环境下，分配出现偏差，事实上是对利益的占有出现了不和谐，进一步说是经济行为体缺少有效、合法而且能够表达自身利益的形式，这种形式一旦出现，就会使经济体在市场环境下对利益追求处于不利的地位，这种不利的地位如果不能及时调整，而是长期受到压抑，不能正确表达，经济行为体必然会谋求出路。需要强调的是，另谋出路是在制度外来进行的，从而会强烈地冲击社会秩序。利益共同体的出现可以化解这种利益分配不公的矛盾，进而实现社会利益在总体上的平衡，它的出现是解决分配偏差的有效组织形式。利益共同体是在共同利益出现的基础上产生的，它出现后直接参与到社会利益竞争中，并且很快成为利益竞争的主体。同样，作为利益竞争主体的利益共同体，是经济活动的物质载体，在此载体上，各个利益相异的经济个体是出于某个特定的共同利益，或者是利益目标而构建起来的。根据发起形式的不同，可以将利益共同体分为两种形式：一种是由于利益冲突无法达成妥协，最终为了共同目标而形成；另一种则是在外力的推动下形成，这种外力来自于政府和其他相关组织，

[①] 易鸣：《经济利益共同体的形成条件和制度安排》，《商业现代化》2009年第5期。

这种利益共同体具有某些方面的共同利益诉求。经济个体基于共同利益形成的大范围、多层次的利益共同体，是实现社会利益和谐的基础。①

利益共同体是中国对全球治理的一大贡献。2010年10月4日，在比利时布鲁塞尔召开的第八届亚欧首脑会议上，时任中国国务院总理温家宝在开幕致辞中指出，亚欧合作站在了一个新的历史起点上，面临着新的发展机遇。亚洲是全球经济增长最快和市场潜力巨大的地区，欧盟是全球最成熟和最大的经济体。随着澳大利亚、新西兰和俄罗斯加入亚欧会议，亚欧会议真正成为一个紧密相连的利益共同体。这是利益共同体第一次在中国领导人讲话中出现。2011年9月，中国政府在发布的《中国和平发展白皮书》中指出，中国坚持奉行互利共赢的开放战略，坚持自身利益与人类共同利益的一致性，在追求自身发展的同时努力实现与他国发展的良性互动，促进世界各国共同发展。中国真诚期待同世界各国并肩携手，实现共同发展繁荣。②

2015年10月，中共中央政治局进行的第二十七次围绕着全球治理格局和全球治理体制的集体学习中，习近平总书记强调，现在世界上的事情越来越需要各国共同商量着办，建立国际机制、遵守国际规则、追求国际正义成为多数国家的共识。经济全球化深入发展，把世界各国的利益和命运更加紧密地联系在一起，形成"你中有我、我中有你"的利益共同体。目前很多问题演变成全球问题，而全球问题不可能局限于一个国家内部得到解决，全球问题不是一朝一夕产生的，全球问题的复杂性和复合性也不再是倾一个国家的力量就能应对的，全球问题带来的挑战需要各国协力应对。

利益共同体成为中国领导人在国际场合多次提到的战略构想，这一战

---

① 高健：《和谐社会的经济基础——利益共同体》，《生产力研究》2006年第6期。
② 中华人民共和国国务院新闻办公室：《中国和平发展白皮书》，http://www.gov.cn/jrzg/2011-09/06/content_1941204.htm，2017年1月8日访问。

略构想囊括了中美、中欧、中俄以及中非、中拉，尤其是中国与亚洲其他国家。中国强调建立利益共同体战略考量的初衷，就是要在全球化的大背景下，把中国人民的利益同各国人民的共同利益不断地结合起来，在结合的基础上拓展利益的汇合点，通过不断交往扩大汇合的共同利益，最终建立领域不同、层次不同、内涵不同的利益共同体，实现同周边国家以及广大发展中国家的共同发展，在此基础上来实现中国的和平发展。利益共同体的建立需要从我国基本国情出发，实事求是地认识到我国发展中国家的准确定位，坚持权利和义务相平衡，不断地在发展的过程中看到中国对世界的诉求，而且要照顾到国际社会对中国的相关期待。

第三节　研究方法与主要内容

一、研究方法

国内外学者对中国的快速发展给予了高度的关注，中国从加入国际社会、进入国际机制，再到全面、积极地参与国际机制的过程，是一个对国际社会和国际机制带来巨大震动的过程，因为从未有过如此大体量的国家加入，加入后发生的变化也令人始料未及，这种变化不仅是中国自身的变化，并且国际体系带来的深度变化也让国内外学者始料未及。中国对国际体系的塑造，对大国关系的改变，以及对国际社会和国际体系带来的影响都是重要的课题，值得国内外学者去深入研究。中国未来如何发展，发展的过程会给国际社会带来怎样的变化，以及国际社会需要采取哪些对策，这些具有不确定性的问题给中外学者留下了很大的研究空间。美国学者对此问题的观察和思考要比中国学者开始得更早，并且研究得更深入。他们研究的方法大多依赖于西方传统的方式，通过对中国经济发展的外溢进行分析，认为经济行为必然表现在政治上，并且通过这种由内及外的分析来预测和判断中国的外交和安全政策。外国学者关于中国参与国际社会的行为研究的学术成果不少，并且仍在大幅增加。但是正是因为对西方传统分析方法过于依赖，西方学者对中国发展得出的结论大多是负面的，一方面西方学者缺少对中国传统和文化的研究，另一方面对中国和平发展和积极参与国际社会这两者之间的"相关性"也缺少研究。这正是本书着重研究的一个方面。

中国积极参与国际社会，通过积极地改变自己，由一个游离于国际体系之外的国家，到和平地参与到国际体系之内。通过仔细观察研究中国的行为和方式，可以找出一些特征，进而看出中国加入国际体系的原因和目的。其实，驱使中国融入现存的国际体系，国家利益是其中一个至关重要的因素。阿尔伯特·赫希曼指出，利益是推动或可以推动行为者活动的根本动力。同样，中国和平发展的可行性和可信性必然要与国家利益关联起来研究，所以本书以"国家为了实现国家利益进而参与国际体系"作为研究的起点。在这样的假设前提下，通过分析中国参与国际体系的互动来实现国家利益，通过在国际体系下建设利益共同体来增大国家利益，增进国家间的合作。但是问题在于，中国在实现国家利益时，中国的发展与世界对中国发展的认同之间出现了偏差，产生这种偏差的原因很多，有来自发展方式的不同看法，也有源自意识形态的不同，还有文化传统的差异，种种原因让这种发展和认同的关系变得尤为复杂，并且在中国高速发展的过程中，这种偏差不但没有缩小，反而越来越大。

其实，中国加入国际体系的前提就是接受国际规则和国际机制，并接受了国际规则和国际机制的制约和监督。在国际关系研究领域中，对国家利益的变化有定量和定性的分析，在定量分析中，将绝对利益和相对利益，以及共同利益进行成本与效益的分析，权衡利弊；在定性分析中，又侧重于国家的形象和地位。但如果将定性和定量综合在一起加以分析，那就是国家参与国际体系后发生的其合作利益的变化,即共同利益。在国际体系内,国家与国家之间的和平共处之道就是围绕着利益共同体展开的,通过分析共同利益的变化,可以看出国家之间相互认同的变化,两者变化之间的相关性可以解释中国加入国际体系的行为方式是和平的"帕累托改进",最终被国际社会接纳,形成"纳什均衡"。在这样的平衡下,中国的国家利益在加入国际体系后,比加入前在数量上有一个爆发式的拓展,在质量上也得到史无前例的优化。这种数量和质量上的变化不仅增加了和平发展的可行性,还提高了和平发展的可信性。

本书的研究原则如下:

(一) 文献分析法

通过对改革开放后的主要文献进行梳理归纳和分析总结,运用中西结合的科学实证方法进行研究,进而找出文献要义规律以及特点,并将此规律运用到本书写作框架当中。

(二) 理论联系实际法

主要结合我国和平发展的现实,结合利益共同体提出的背景、实质,以及在国际交往中这一思想在实践中的落实情况和取得的成效进行分析,并在此基础上进一步分析中国的国家利益观。

(三) 系统与逻辑相结合的方法

对国家利益和共同体这两个概念进行解构分析与解读,着重分析两者之间的逻辑性和系统性,进而凸显利益共同体在当代国家间关系的重要性,并使之成为新型国际关系理论的一个创新点。

二、主要内容

本书分为六个部分展开论述。

导论部分，首先提出问题。"天下熙熙，皆为利来；天下攘攘，皆为利往。"驱动人类行为和进步的动因说到底就是利益。在全球化深入发展的 21 世纪，国家利益不断地被注入新的诠释，传统的国家利益最大化在国际交往当中已经不合时宜，取而代之的是，在共同利益前提下获取国家利益。国际体系在不断的演进过程中，各个行为体之间的互动也呈现利益趋同的特征，其中在政治、经济、文化和安全等领域的共同利益不断地增加和重叠。因此，增进和扩大利益的汇合，不仅可以增加国家间已有的静态利益，同时也是对业已存在的现有利益的维护与拓展。以此为思路，在导论中提出本书的写作框架、难点和创新点。

本书第二章，详细论述国家利益在国际关系研究中的重要作用，以及三大国际关系学派如何看待共同利益。其实，无论哪一个国际关系学派都无法回避国家利益这个核心问题，都要紧紧围绕这个问题展开各自的论述。现实主义的"权力利益观"和"安全利益观"，新自由主义的"合作利益观"，以及建构主义的"观念利益观"，都将国家利益作为理论的逻辑起点。针对共同利益的分析，虽然三大国际关系学派没有展开详细论述，但是经过仔细梳理可以看出，这其中有一些论述已经涉及共同利益的分析，尤其是随着国际体系演进过程中出现的全球问题，国际关系理论的各个学派都开始关注对共同利益的研究。另外，在这部分里，对国家利益的分类做了详细梳理，为之后书中对利益共同体的分类提前做准备。

本书第三章，围绕着共同体理论展开分析。从人类社会发展的进程看，共同体的形成来自于物质利益、观念和外部压力等要素的合力，是指人们在不安全的世界中寻求安全感和确定性，以此来维系紧密的关系，达到依存和信任。从国际政治的范畴来看，共同体也是一个具有自我认同的概念，它在国际体系中承载着共同的行为准则和价值标准。共同体的建立有三个条件必须同时满足：一是共同体内部成员间的集体身份的认同；二是成员间彼此承担责任；三是共同体与外部世界存在差异，并为外部世界所承认。进一步说，共同体对内要求以共同利益和共同认同作为价值标准和行为准则，对外则把生存安全和发展安全作为存在的前提，往往外部的压力会增强共同体凝聚力。从这个层面说，所有的共同体都是以安全为存在的条件，共同体本质上都是安全共同体。共同体既是目标，也是实践过程。

　　本书第四章，在对国家利益、共同利益和共同体进行理论梳理的基础上，通过对利益共同体的定义，以及对现存和历史上存在的国际行为体中有共同体成分的国际组织的梳理，将利益共同体分为政治利益共同体、经济利益共同体、文化利益共同体、安全利益共同体。通过对这四种利益共同体的分析可以看出，利益共同体虽然有种类上的区分，但是在实践中，尤其是在全球化深入发展的现阶段，基于不同利益建立的共同体都趋向发展成一个复合型的利益共同体，例如不能简单地将欧盟或者东盟定义为经济利益共同体或政治利益共同体。随着交流的日益广泛，共同体的利益更多地重叠，最终变成复合的利益共同体，国家之间的关系随之变成全方位的合作伙伴关系。这种复合利益关系不仅对冲掉一些负面的因素，而且成为国家间稳定关系的"压舱石"。

　　本书第五章，论述的是利益共同体的全球化背景，以及利益共同体需要解决的问题。全球化的深入发展，一方面促使国际分工细化，国家的身份也在这个过程中越发明确；另一方面促使国家利益发生变化，注入新的含义。作为世界大国之一的中国，在融入国际体系的过程中，严格按照国际制度行事，没有破坏现存的制度，而是积极推动国际制度向更合理的方向发展。但是现存的国际制度却遇到来自制定者的阻力，贸易保护主义在西方抬头，并成为一种思潮冲击着自由贸易制度。如何应对这种逆全球化的浪潮，已成为诸多国家的课题。中国提出的利益共同体战略思想是对这种逆全球化思潮的有力回应，得到众多国家的响应，并成为中国向国际体系提供的有影响力的公共产品。

第四节　研究难点及主要创新点

一、研究难点

在国际政治领域中，作为利益主体的国家在交往过程中会产生相反的两种态势，趋同态势必然会产生共同利益，而趋异态势往往会引发利益冲突。但是长期以来，国际政治研究的焦点往往落脚在利益冲突当中，因为利益冲突可以导致国家间的纷争乃至战争。学者们趋之若鹜地分析这个因素，而关于国家间趋同产生的共同利益的研究却被忽视。其实，近现代以来，国家在互动过程中衍生的共同利益在推动人类社会进步方面发挥着重要作用，共同利益的价值研究也不断地被国际社会和国际政治学界认可并关注。

关于利益共同体方面的研究，国内外的文献很少涉及，这是因为利益共同体是中国在融入国际体系的过程中，针对自身的快速发展而提出来的。这是为了解决两方面问题：一是中国发展给国际体系的未来带来的诸多不确定性，二是为了消除世界把中国比同历史上的大国崛起后带来的负面影响，这一理论的提出是国际关系的理论创新。利益共同体为全球化下的国家间相处之道提供了一个新方式，打开了一个新视野。

二、主要创新之处

在解释利益共同体的过程中，涉及国家利益和共同体两个不同领域的概念，国家利益属于国际政治范畴下的概念，而共同体是社会学领域中的概念，两者联系在一起本身就是一个跨学科的创新，解读起来也存在一定的难度，但是难点和创新点之间往往仅存在一层"窗户纸"，解决了的难点也就会成为创新点。

第一，国家利益是一个动态的概念，是随着时代的发展而发展的，没有一个固定的范畴，会随着时代的变化而变化。影响国家利益的因素很多，国内的政局走向、经济周期、突发事件，甚至一些历史问题，都会对国家利益产生直接的影响，每一个因素的变化都能影响到国家利益的取向。国家主权神圣不可侵犯，这个理论在国家的形成过程中一直被奉为圭臬，但在全球化下，国家为了发展，让渡主权成了一个普遍现象。虽然在一些核心的国家利益上，每个国家表现得各有千秋，但是全球化不仅激荡着国家发展的模式，更冲击着传统的观念。一般情况下，生存、独立、经济财富和国家尊严构成国家利益的客观性，它们是国家存在以及得以生存的先决条件。国家利益的客观性随着历史发展以及历史条件的变化而发生变化。由于各个国家的历史背景和文化价值观不同，它们所追求的具体的国家利益也就差别很大。主观国家利益建立在客观国家利益的基础之上，主要是由该国的文化传统建构而成。国家的实力和地位只能决定国家为实现国家利益所采取的手段和方式，而不能决定国家利益的具体内容以及追求的目标。

第二，对于共同体的研究，需要厘清传统共同体和现代共同体之间的差别。当传统共同体在资本主义时代快速瓦解后，人们意识到在取得个体自由的情况下，自身安全和谐的生活与共同体一起被抛弃了，这也就是共同体存在的重要意义。这里有两个问题亟待解决：一是，共同体与身份认同的问题，人的发展不能以不安全作为代价。进一步说，在共同体瓦解之后，人们对身份的认同更加急迫，像以往个体在共同体内的身份认同一样，在共同体内人们可以有安全和谐的生活，这既是人们对共同体的深厚感情，也是共同体存在的特殊意义。二是，工业革命以来，西方社会在进步的同时，安全困境也伴随而生，资本的逐利使人们之间的利益冲突比以往社会更为严重，这让从传统共同体的规范中走出来的人们无法接受弱肉强食的"丛林法则"，从传统共同体中走出来的人们习惯彼此间的亲密关系、信任和安全，但他们均被残酷无情的现实社会撕裂，无论是在现实和心里都出现了巨大的反差。从此，共同体成为人们追求更美好生活的一种理想状态，而在人们向往的共同体中，安全因素是一个重要的因子。

第三，利益共同体是中国在和平崛起的过程中，与各个国家共同推动建立的以合作共赢为核心的新型的国家间的相处之道，不仅是对国际关系的创新，也是对国际机制与国家利益之间关系的进一步解释和补充。（1）利益共同体可以阐释在自助的国际体系下，国家行为体根据权力对国际机制以及国家利益的影响，主动参与国际间合作的动因；（2）利益共同体可以对现存不平等的国际机制有一个合理的促进和完善；（3）利益共同体是在现存的国际体系内通过国际机制以及观念因素形成的，可以解释国家从搭便车到创造共同利益的过程；（4）利益共同体是中国为应对全球问题，为全球治理提供的最易操作的公共产品。

第二章
国家利益理论中的共同利益研究

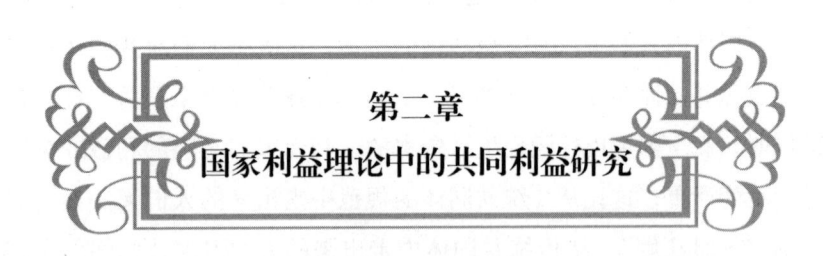

在经历了金融危机，尤其是民族主义兴起，以及英国脱欧的大背景后，国家主义和民族主义在21世纪的第二个十年内不断冲击着国际政治体系，而作为既是对外政策的目标，又是实现外交政策的手段的国家利益，被不断地充实着新内容、新内涵、新理念。国家利益一方面为政治服务，并一直是政治家处理国际事务的出发点；另一方面又是分析对外政策的一个重要的价值标准，是国际行为体之间彼此进行政治分析和研究判断国家间政治的重要工具。

在全球化深入发展的21世纪，国家利益不断地被注入新的阐释，传统的零和博弈下的国家利益最大化在国际交往中已不合时宜，而在共同利益前提下来获取国家利益逐渐成为国际体系中的共识。国际体系仍处于一个不断演进的过程中，各个行为体之间的互动也呈现利益趋同的特征，其中在政治、经济、文化和安全等领域的共同利益不断地增加和重叠。因此，增进和扩大利益的汇合，不仅可以增加国家间已有的静态利益，同时也是对业已存在的现有利益的维护与拓展。

第二章 国家利益理论中的共同利益研究

第一节 国家利益和共同利益的界定

一、国家利益

这里所讲的国家利益不是国内政治范畴的概念（即英文中的 Interest of State），而是国际政治范畴的概念（即英文中的 National Interest）。国家利益在国内政治中是与个人和社会利益相对的概念，而本书研究的国家利益是全民族利益的总和，国家利益中的"国家"是指民族国家，是国际体系中最重要的行为体。国家利益是国际政治的核心概念，不同的国家有着不同的界定。对于一个国家来说，在不同的时期、不同的领域，国家利益也会不一样，其内涵是变化不定的。

国家利益是一个主观的概念，因而对国家利益的界定有时间、空间和主观意识三重维度的解读。美国政治学者杰里尔·罗赛蒂认为，"国家利益是随着时间的推移而有所变化的，国家利益的特性在任何一个时间点上都要取决于当时的政府和社会中主流的意识形态和对外政策观点"。[①] 也就是说，对国家利益的解读，除了受限于时间和空间上不同而发生的变化以外，还受制于社会思潮的影响。特朗普上台后，美国便退出了奥巴马政府积极参与并主导的跨太平洋伙伴协定（TPP）。该协定虽然只是一纸协议，却改变了美国一直倡导并视为美国霸权支柱的自由贸易体制，而特朗普的上台则是美国国内反全球化思潮带来的结果，可见，国家利益也受到主流社会意识形态的影响。美国政治学者艾尔文·鲁宾斯坦认为，"国家利益

---

① ［美］杰里尔·A. 罗赛蒂，周启朋等译：《美国对外政策的政治学》，世界知识出版社1997年版，第355页。

是一个弹性很大、易被随意解释的词语。它以不固定的用以评估问题的外交政策标准为基础,并且没有永恒的政治目标"。① 莫顿·卡普兰认为,国家利益即国家需要,他将系统论引入国际政治中来对国家利益进行解释,即国家利益是国家行为系统,是国家在生存和正常运转过程中的客观需要。这种需要从来源上可分为两部分,一是来自作为系统的国家内部,二是来自于国家外部的环境因素。②

国内学者对国家利益进行科学、系统的解读,是在中国进入国际体系前后。国家利益在进入国际体系时需要让渡,这时学者们针对国家利益产生了激烈的讨论,并在争论中不断完善中国看待国际体系的角度,逐渐形成了共识。阎学通把国家利益定义为,"一切满足民族国家全体人民物质与精神需要的东西:在物质上,国家需要安全与发展;在精神上,国家需要国际社会的尊重与承认"。③ 王逸舟认为,"国家利益是指民族国家追求的主要好处、权利或受益点,反映这个国家全体国民及各种利益集团的需求与兴趣"。④ 理论的争论促成国家利益在对外开放中不断地被重新认识和塑造。中国在快速发展的过程中,与其他国家尤其是与大国之间的交往已经形成不同层面、不同领域错综复杂的利益关系,需要更加开放的国际和国内环境,因此在对待和认识中国的国家利益时,更需要发展的眼光。

随着中国实施"走出去"的战略,尤其是"一带一路"倡议在海外逐渐展开,中国在地区层面的利益诉求比历史上任何一个时期都要多。"走出去"战略为中国的国家利益带来新的内容,必然冲击着现存的国际利益格局。在中国对外利益诉求增多的同时,国际体系也对中国市场提出更加

---

① Alvin Z. Rubinstein, America's National Interest in a Post - Cold War World, Issues and Dilemmas, McGRAW - HILL, INC., U. S. A, 1994, pp. 39, 41.
② [美] 莫顿·卡普兰,薄智跃译:《国际政治的系统和过程》,中国人民公安大学出版社1989年版,第8页.
③ 阎学通:《中国国家利益分析》,天津人民出版社1996年版,第10页.
④ 王逸舟:《国家利益再思考》,《中国社会科学》2002年第3期.

开放的要求，如何捍卫国家利益成为不可回避的现实。同样，更加开放的环境也改变着国内社会的各个阶层，利益格局的重新洗牌给社会稳定又提出全新的挑战。进入21世纪后，中国的国家利益不仅在全球化推动下不断发生改变，而且发展导致的国内利益格局变化，又引发社会对国家利益的重新解读和构建，所以对国家利益的解读需要更严肃、更包容和更开放的态度。

二、共同利益

在国际政治领域，作为利益主体的国家在交往过程中会产生相反的两种态势，趋同态势必然会产生共同利益，而趋异态势往往会引发利益冲突。国际政治学术研究一般围绕着问题导向进行，如何解决冲突尤其是国际政治当中的利益冲突，就成为国际政治研究的焦点。一般情况下，国家间的战争都是利益冲突导致的，因此国际政治研究者往往趋之若鹜地分析利益冲突，而忽视国家间趋同产生的共同利益的研究。其实，二战后世界没有发生世界大战，虽局部战争频发，但影响不了和平大势，即使冷战将世界拖向战争的边缘，但最终还是加速了国际政治领域中的冲突让位于和平发展。这一轮的全球化使国家间在互动过程中产生的共同利益不断增多，并且在推动人类社会进步的同时，不断衍生出新的共同利益以及合作的需求，共同利益的价值也不断地被国际社会认可和关注。

边沁指出，"共同体的利益，是组成共同体若干成员的利益的总和"。[①] 马克思对共同利益的看法是，"不是仅仅作为一种'普遍的东西'存在于观念之中，而且首先是作为彼此分工的个人之间的相互依存关系存在于现实之中"。[②] 所以，在利益团体或共同体中有共同利益的成分存在，或者说

[①] 边沁、时殷弘译：《道德与立法原理导论》，商务印书馆2000年版，第58页。
[②] 《马克思恩格斯选集（第3卷）》，人民出版社1995年版，第37页。

共同利益可以预期，那么这个共同体内的成员在利益的驱使下，会通过努力来实现共同利益，这样共同利益就成为共同体的保证。

"在全球化的时代，虽然国家利益在形式上仍由国家（政府）决定，其内涵早已不再纯粹是一个国家的决定；国家利益的定义和范围，大大超出传统的认知框架。"① 作为国际体系最主要的行为体，国家之间在互动的过程中利益交换频繁，促进相互依赖度，国家间的关系在利益不断扩大下，超出双边关系，上升到地区层面，以至于全球层面都面临共同利益的问题，例如恐怖主义、粮食问题、跨国犯罪、疾病等，如何解决这些威胁和挑战，就成了各国的共同利益之所在。所以，共同利益在国际政治领域中的特征比较明显：首先是普遍性，共同利益应该是各个国家利益的最大公约数；其次是可持续性，大多数国家的利益汇合点都是为了国家的长远发展考虑，短期的利益汇合只能是国家交往过程中交换的条件；再次是可操作性，共同利益可以通过现实途径得以维护，并通过交往互动的过程得以拓展；最后是可预期性，通过相关国家的努力，共同利益可以实现并逐步扩大。

第二节 现实主义视阈下的国家利益和共同利益

一、现实主义视阈下的国家利益

现实主义学派奠基人的汉斯·摩根索强调："只要世界在政治上还是由国家所构成，那么国际政治中实际上最后的语言就只能是国家利益。"②

---

① 王逸舟：《国家利益再思考》，《中国社会科学》2002年第3期。
② [美] 汉斯·摩根索：《政治学的困境》，芝加哥大学出版社1958年版，第68页。

在摩根索看来，国家利益是相互冲突着的各种政治利益的一个妥协物，是国内不断的政治竞争的产物，国家通过其各级机构和组织，最终负责解释和执行符合国家利益的各项政策。① 在摩根索看来，国家利益可以拓展为两个方面：一方面是关系国家生死存亡的核心利益，也是长久利益，例如国家主权和领土完整，以及文化不受侵蚀。在核心利益中，最根本的是国家的生存问题；另一方面是次要利益和可变利益，这部分利益是随环境变化而发生改变的利益，而且还可以不断更新利益的内容。② 自国家诞生那一天起，安全就是国家利益的"第一要务"，国家必须尽其所能地加以保护。

摩根索认为，围绕实现国家利益，以及最大化地实现国家利益，应国家不断地充实外交战略和对外行为。现实主义确立由权力规定国家利益的核心概念，并由此概念衍生出行动的合理原则，以及对外政策的连续。现实主义认为，只有不断地获得尽可能多的权力才能捍卫国家利益，并且这是捍卫国家利益的唯一手段。国家对外行动的目的，就是为了显示权力、增强权力以及维持权力，通过实施权力来影响和控制别的国家，实现的方式既可以是强制的手段，也可以是合作的技巧。通过这种唯权力论的现实主义逻辑可以看出，对国家利益的追求不可能超越国家权力，也就是说，权力的大小决定了利益大小，进而国家利益受到权力的限制，不可能随着欲望的增长而得到满足，但是国家利益增大，一定会促进国家权力的增大，而国家利益的增大是赤裸裸地剥夺他国利益的结果。由此可以看出，国际政治活动是其他政治在国际社会的延伸，同样是围绕着权力进行的斗争，只是由国内转向了国际。权力既是追求国家利益的基本保证，又是达

---

① Hans Morgenthau, Another Great Debate: the National Interest of the US, in The American Political Science Review, No. 4, 1952, pp. 971-978.

② Hans Morgenthau, "The National Interest of the United States," American Political Science Review, Vol. 66, No. 4, 1952, p. 961.

到国家利益的目的。

现实主义认为国际体系是无政府状态,在这种政府之上的无政府状态下,国家只能通过自己发展军力这种自助的形式来获取国家安全,这就迫使国家只能通过不断地扩大自身军力,并使军力必须超过别国,才能保证国家安全。这种自助行为必然会让其他国家感到不安全,解决这种不安全也只能靠加强军备,结果相关国家之间就会陷入军备竞赛中,而不断升级的军备竞赛使各个国家都不安全,这就是"安全困境"。[1] 在现实主义看来,国际体系无政府,也就不存在任何可以实施的法律和秩序,因此国家生存的唯一法则就是要坚守住自己的利益、生存、安全,这些就构成国家的利益。现实主义的权力利益观阐述的是国际关系范畴中国家利益最基本的属性,即冲突性和不相容性,在操作层面就会产生对抗和战争。现实主义利益观的逻辑放大了国家利益冲突的一面,来而忽视了国家在对国家利益的追求中也有互补的一面,由于突出的片面性,现实主义的权力利益观最终表现的是国家权力之争。[2]

在摩根索看来,国家间的关系在很大程度上取决于彼此的利益关系。"联盟依赖于基本利益的一致性",[3] 在这方面需要指出的是,在大国和小国之间的互动过程中,小国一定要主动寻求与大国的利益一致,而不是通过利益一致达到大国对小国的庇护,相应地,大国也会衡量与小国的这种利益"一致性",由此来决定是否帮助小国。"小国为了保护自己的权利,必须寻求强大盟友的援助,只有如此,它才有望获得低于对自己权利侵害的成功机会,这种援助的出现不是国际法的问题,而是单个国家基于各自

---

[1] Harvey Starr, International Law and International Order, in Controversies in International Relations Theory: Realism and the Neoliberal Challenge, edited by Charles W. Kegly, Jr. Phil Williams, Donald M. Goldstein & Jay M. Shafritz, Wadsworth, a division of Thomson Learning, 1995, p. 304.

[2] 李少军:《论国家利益》,《世界经济与政治》2003 年第 1 期。

[3] Hans Morgenthau, Politics among Nations: The Struggle for Power and Peace, 6 th rev. ed., p. 206. See also: 3rd ed., p. 180.

的国家利益以决定是否支援国际社会中弱者的问题。"① 所以，按照摩根索的逻辑，国家利益决定了国家联盟的构成。而对于国家间联盟的结构，在摩根索看来，国家间的联盟持续的时间不会太长，尤其是在战争中更为突出，也最为常见，因为赢得战争才是实现国家利益的唯一手段，也只有通过战后的安排才能获得通过战争获得的利益。联盟虽然在共同利益的基础上签订合约，但是战争结束后，共同利益便在战后利益安排上消失，取而代之的是各个国家独立的、充满矛盾的利益。另外，联盟持续的时间与它要取得的利益有限性相关联，这种特殊条件下的联盟有可能会持续一段时间，这也是持久联盟的基础。但是历史一次次表明：有效期为永久性的联盟盟约不可能超过取得共同利益而结合的实际持续时间，联盟通常都很不稳定，并且稍纵即逝。这就能阐释联盟为何多是短命的，这是一条规律。"② 可以说，现实主义为二战前的国际制度安排和欧洲的战争找到根源，并在二战后为美国的外交战略以及军事战略提供了政治理论。

以此为出发点，摩根索的国家利益论浸淫着强权政治的色彩，这一理论不仅适应了美国转变为世界头号强国的需要，而且适应了冷战的需要。尤其是冷战期间，现实主义理论对国际政治实践产生了巨大的影响，可以说，遏制政策的始作俑者便是现实主义，但是在冷战期间，现实主义又在奔走呼吁，防止"冷战"变成"热战"。现实主义的"权力利益观"在当时的国际政治实践中得到认可，并一度被奉为圭臬。

二、新现实主义视阈下的国家利益

摩根索的现实主义理论有其时代背景，现实主义是集历史的科学实

---

① Hans Morgenthau, Politics among Nations: The Struggle for Power and Peace, 6 th rev. ed., p. 312. See also: 3rd ed., p. 295.

② Hans Morgenthau, Politics among Nations: The Struggle for Power and Peace, 6 th rev. ed., p. 206. See also: 3rd ed., p. 186.

证得出的理论,在当时具有明显的时代特征,但到了20世纪60年代至70年代,虽然"冷战"的阴霾仍笼罩着全球,但在世界大战的爆发地——欧洲——也就是摩根索现实主义逻辑始发地,却开启了合作的大门,这显然是强调国际社会的权力冲突的现实主义没有料到的。随着时代发展,国家利益的内涵出现了变化,传统的现实主义不断受到挑战,这时出现了以肯尼思·华尔兹为代表的"新现实主义",或者称为"结构现实主义"。

在华尔兹看来,国家虽然在能力上存在着差别,但是国家的功能是相似的,它们之间的影响力有多大,取决于它们之间的力量对比。以此为出发点,华尔兹对国家利益的属性做出与摩根索不同的解释,他将国家利益作为国际体系这一结构的产物,而不是国家领导人的一种个人的责任,以及需要经营管理的东西。国家的生存优先于其他目标,包括经济繁荣和更高的道德承诺等,因此最基本的国家利益是国家安全问题。这一点是由国家所处的环境决定的,也是不容置疑的。[1] 在新现实主义看来,权力不是国家最终关心的,因为国家只把权力看成是一种可能使用的手段,既然是作为手段使用,那么国家无论使用多大的权力,都存在风险,所以一些政治家只图拥有适度权力来维护国家安全。[2] 由此可见,华尔兹的本意是认为安全是最根本的国家利益,国家获取权力只是手段,而非目的,获取权力的目的是维护国家安全。

华尔兹认为,一国实现国家安全的能力取决于该国相对力量而非绝对力量,即相对于其他国家的力量。由此可以看出,国家对合作间的价值取向就是相对的利益,但是这样的相对利益让国家间的合作进入了"零和博弈"的"死胡同"。华尔兹进一步指出,国家利益这一概念的内涵要求是,

---

[1] Scott Burchill, The National Interest in International Relations Theory, Palgrave Macmillan, 2005, p. 43.

[2] [美] 肯尼思·华尔兹:《国际政治理论》,中国人民公安大学出版社1992年版,第2页。

必须精心策划国家的外交和军事行动，避免国家因这两种行动失败而使生存处于危险之中，而国家精心策划行动的适当性是根据所处环境决定的。大国跟大公司一样，在采取行动时，必须考虑到其他手段的反应，行动的有效性要充分考虑国家当下所处的环境和目标。① 华尔兹这一论点的关键是，他排除了安全利益方面纯粹靠国家单方面行动的方案，各国有了避免陷入"零和博弈"的"死胡同"的可能性。

新现实主义注意到国际关系的新变化，国际经济格局从大国主导逐渐变为大国和多个国家共同主导，与此同时，国际政治格局也由两极开始向多极转变，合作开始成为国际社会的主流。新现实主义中，合作这一思想衍生出国际合作论、霸权合作论等代表性理论。霸权合作论也称霸权稳定论，是在无世界政府状态下进行合作的理论，即国家通过利益的一致性、预期的共同行动以及角色的关联性，在特定领域中协调国际关系，最终实现国际合作。② 霸权稳定论指出，霸权国通过自身的实力和威望来维持霸权体系的稳定。霸权国家维护国际体系的出发点是自身的大公无私，或者来自于自身的道德标准，他们既有霸权国自己的利益诉求，也有符合国际社会公共利益的成分，即霸权国与非霸权国之间存在共同利益。随着各国经济的快速发展，利益诉求趋向多元化，国家间的合作不断地被要求在平等的条件下进行，支持霸权的理论受到挑战，并试图修正客观形势带来的变化，进而为霸权国——美国的国家利益服务。明显的时代局限性使霸权稳定论在美国开始实施与邻为壑的贸易保护主义政策下失去了现实意义。

---

① Kenneth N. Waltz, Theory of International Politics, New York: McGraw-Hill, 1979, p. 134.
② 俞正梁：《变动中的国家利益与国家利益观》，《复旦学报（社会科学版）》1994年第1期。

三、现实主义视阈下的共同利益

虽然现实主义在解读国家利益时比较刚性，但还是将国家利益划分为永久利益和可变利益。永久利益是国家的核心利益，可变利益是国家除了核心利益以外的次要利益。由此可以看出，现实主义论述的可变利益是国家在交往过程中可以牺牲甚至让渡出来的利益，这部分利益就是可以与其他国家交换的共同利益，用现实主义的话来说，可变利益是驯服的国家利益。"国家利益只有受到国际社会接受的一套观念的束缚才可被称为'驯服'的国家利益，这套观念限制着个别国家权力冲动的释放"。[①] 同样，新现实主义在继承古典现实主义的基础上，也承认并尊重国际政治中的共同利益，对共同利益也持谨慎的态度。华尔兹指出，"国家间彼此竞争，但这种竞争并非是通过努力为共同利益而生产共同产品来进行的"。[②] 因此在共同利益上，现实主义仅仅是在形式上做了划分和定义，在如何推动共同利益实现上并没有太多的方法，因为共同利益的达成需要合作这个前提来解决。

第三节　新自由主义眼中的国家利益和共同利益

一、新自由主义眼中的国家利益

20 世纪 80 年代，现实主义（古典）随着战争爆发的概率变小而式微，

---

① [美] 汉斯·摩根索，徐昕等译：《国家间政治——权力斗争与和平》，北京大学出版社 2006 年版，第 8 页。
② [美] 肯尼思·华尔兹，信强译：《国际政治理论》，上海人民出版社 2008 年版，第 111 页。

逐渐被新现实主义（结构现实主义）取代。与新现实主义同样活跃的国际关系理论还有强调制度和规则的新自由主义，它也称新自由制度主义，与新现实主义一起占据着当时国际关系理论的主要位置。

新自由主义的国家利益观点是：基于个体利益和群体利益之间能够协调，并与自由贸易一起促进国家利益的古典自由主义思想，以及比尔德对经济利益强调的国家利益观念与相互依赖能够避免战争的思想。[①] 新自由主义的国家利益观虽然不像经济领域中主张的自由贸易与经济相互依赖，以此自动产生和平，但是在新自由主义看来，经济开放和相互依赖，以及经济利益的取得是和平的前提条件，这样在国家利益的范畴之内，经济利益就是重要的组成部分。在新自由主义看来，在全球相互依赖日益紧密的情况下，权力不再是现实主义眼中的国家行为的唯一目的，国家间的合作将替代冲突，并逐渐主导国际关系的发展。

新自由主义者认为，国际关系并不是一个"零和博弈"状态，合作下的互利互惠是可能的，因为国家间不可能一直把精力放在"零和博弈"的相对利益上。这也是新现实主义与新自由主义间辩论的焦点。新现实主义认为，要为国家获得经济利益方面的保证，展开经济合作是必由之路，也就是说，要从以权力斗争为特征的国家利益观过渡到通过合作来取得利益的"合作利益观"。新自由主义着重从合作的角度切入来解读国家利益。

研究新自由主义的学者从跨大西洋的相互依存的经济来分析当时的国际经济关系，认为国家之间不断增长的经济，以及国家间经济互补的需求越发地表现为相互依存的状态。这是因为在科技革命的驱动下，通信和交通的不断升级，国际分工的细化，以及国际贸易在资本、技术和劳务上的拓展，给全球化注入了新的因素，这也为这一轮的全球化爆发做了相关的物质准备。而且，在这种全球化趋势的带动下，首先在西方发达国家中已

---

① Charles A. Beard, The Open Door at Home, New York: Macmillan Company, 1935, p. 161.

经有了越来越强烈的全球化的意识，虽然当时冷战的阴云仍笼罩世界，但这无法阻挡国家间日益强烈的经济交往的愿望的产生。从世界范围内看，日本和随后的"亚洲四小龙"都是在当时顺应了时代潮流，抓住了各国迅速扩展经济活动的需要，在全球化开始时就进入发展的快车道。当时国家间的交往受到意识形态的阻碍，但是在日趋频繁的经济文化交流中，国家间的共同利益还是不断地扩大，逐渐开始向政治和军事等其他社会生活领域渗透，并相互影响。国家间一旦确定了日益广泛的共同利益后，这种交流便可以强化相互依存的态势。尤其是跨国公司和国际经济组织在全球经济领域中纵横捭阖，将全球经济关系编织成紧密相连的网。不可否认的是，国家间虽然有相互依存的预期和动机，但是在两极格局的背景下和美苏争霸的国际格局影响下，国家间的合作归根结底还是为了获得国家利益。需要强调的是，这种追求国家利益与现实主义追求国家利益的方式产生了变化。与现实主义不同的是，新自由主义的利益诉求并不具有排他性，国家在取得自己所需利益的同时，其他国家一样可以通过相同路径来获得利益。[①] 在新自由主义看来，要为国家安全获得经济利益方面的保证，经济合作成为必要前提条件，也就是说国家利益从传统的权力利益向合作利益转变，从权力争斗向合作取得共同利益过渡。

二、新自由主义眼中的共同利益

新自由主义者认为，制度不仅反映了国家在系统结构中的位置，更主要的还在于，国际体系在国家互动之下塑造着国家利益。国家在国际制度框架下重新定义与选择自己的国家利益，包括放弃"搭便车"带来的短期利益而选择参与制度获得长期利益，放弃违反制度带来的暂时利益而选择

---

① 俞正梁：《变动中的国家利益与国家利益观》，《复旦学报（社会科学版）》1994年第1期。

遵守利益获得长期的合作利益。① 新自由主义的合作利益观在实现利益之前必须要有共同利益的基础，这是一个前提条件，但要看到的是，只有共同利益这个条件并不一定能促使国家间的合作，还要有制度的存在，进一步说就是国家间的合作要有合法性。共同利益大部分是指促进合作和发展的重叠利益，但有时共同利益也能变成"一起干坏事"，所以这时就需要制度来发挥合法性的作用。基欧汉认为，仅仅把共同利益或者相互利益看成国际机制的合法性来源是不够的，国际合作环境中存在的情况决定了必须要有国际机制存在才行，因为国家机制可以减少不确定性，并能限制信息的不对称性。②

在新自由主义理论看来，欧洲区域经济一体化的兴起就是受到这种思想的影响，即通过创造同一区域内成员间的经济合作来扩大共同利益，从而有效地降低国家冲突的可能性。这种共同利益的存在极大地鼓舞着那些传统以武力解决分歧的国家，例如法国和德国。它们为了共同利益在商定的政治经济框架下进行合作，因此可以看出，国家间的和平与繁荣是有共同利益的。

新自由主义者认为，在全球化的影响下，一个国家对于维持一个捍卫它"内部"团结以及抵抗"外部"影响的传统要素已不再那么坚定了，国家不再是只痴迷于对抗外国利益和保护国内利益，相反，主权国家已经倾向于变成一系列复杂的领土内利益和超领土利益间合作和竞争的竞技场。③当下，全球化深化的步伐并没有放缓，国内利益不断被国际利益所冲击，政府在制定政策的过程中，不仅要注意选民的承受力，还要留意国际市场

---

① 周丕启：《国家利益的判定——以霸权国家国家为例》，王逸舟主编：《中国学者看世界·国家利益卷》，新世界出版社2007年版，第53页。
② [美]罗伯特·基欧汉，苏长河等译：《霸权之后：世界政治经济中的合作与纷争》，上海人民出版社2001年版，第13页。
③ Jan Aart Scholte, Globalization: A Critical Introduction, London: St. Martin's Press, 2000, p. 138.

参与者的利益诉求。在这种情况下,国家利益和国际利益的界限越来越模糊,维护两者的利益路径也随之变得基本相同,从而导致各国的政策变得趋同,并且相互依赖,国家间的合作因成为维护国家利益的重要通道而变得尤为重要,这其中国际制度的重要性凸显,以国际法为核心的国际法律体系成为国际体系中每一个行为体都无法回避并且要努力维护的机制。对于国家来说,国际机制之所以有价值,并不是因为国家习惯被强迫遵守这些制度,而是因为制度促成了国家间相互有利的合作空间。从这个层面说,国际机制赋予了政府权力,而不是束缚了政府的行动。

第四节　建构主义研究中的国家利益和共同利益

20世纪90年代,建构主义迅速崛起,与新现实主义和新自由主义一并成为影响现实国际政治领域的三大主流理论。尤其是在全球化发展过程中,建构主义提出观念的利益观,使国际政治研究有了一个全新的视角。建构主义认为,国际社会和国际政治的存在仅仅是人与人之间主观认识的结果而不是一个外部的、客观的现实和超越了人类意识的世界。建构主义的代表人物亚历山大·温特认为,人类结构是由共同的想法而不是物质力量决定的,因此人类的身份和利益是这些共同想法的产物,而不是自然禀赋的产物。而且,这些共享观念和规范是国家行为的关键性或决定性因素,并且是国际政治以往研究中忽略掉的部分。利益只是观念的产物,国家利益是一个重要的社会构成。换句话说,观念构成利益。① 这是与现实主义截然不同的观点。温特认为现实主义有两大特征,一是强调权力的作

---

① Scott Burchill, The national Interest in International Relations Theory, Palgrave Macmillan, 2005, pp. 185 - 187.

第二章 国家利益理论中的共同利益研究

用,二是强调自私的国家利益。现实主义有很多理论分析,这些理论都围绕着国家利益展开行动,国家利益体现在安全上就是千方百计地保护自身安全。[1]

建构主义却认为国家认同决定国家利益,国家利益不仅具有物质性,而且具有观念认同的性质。如果国家利益只有物质性的话,那么这种物质性一定能用物质来衡量,并且物质性也具有趋同的特性,这样特征相似的国家必然会有相近的国家利益,以及趋同的行为模式。但是实际上并没有这样趋同的国家利益,所以说国家利益除了物质性,还跟国家主体的观念和认同有直接关系。在温特看来,"利益就是观念",利益是由观念建构的。[2] 温特指出,身份决定利益,因为作为行为体的国家在没有弄清楚自己是谁,或者说还没有确定国家身份之前,不可能确定自己的利益,更不知道自己需要什么。由于身份具有复杂性,是不同文化的综合构成,那么国家利益同样具有复杂的文化内容。[3] 因此,作为国际体系最主要行为体的国家,它的行为受到国内各个利益团体驱动,这些具有复杂文化背景的利益驱动者来自于社会团体和政治集团。

从出现的先后顺序上看,先有国家后有国际体系,因此国家的身份和利益一定是在国际体系和国际制度出现之前就已经具有的,也就是说,国际体系的结构和国际制度的安排影响国家行为的方式,是通过能否满足国家利益来实现的。这种选择是一种行为选择,在新现实主义看来是结构的选择,在新自由主义看来则是制度的选择,而对国家的身份和利益却没有

---

[1] [美]亚历山大·温特,秦亚青译:《国际政治的社会理论》,上海人民出版社2000年版,第143页。
[2] [美]亚历山大·温特,秦亚青译:《国际政治的社会理论》,上海人民出版社2000年版,第144页。
[3] [美]亚历山大·温特,秦亚青译:《国际政治的社会理论》,上海人民出版社2000年版,第290页。

影响。① 温特指出，国际体系的结构对国家的行为产生一定影响，同时也对国家的身份进行塑造。建构主义理论的贡献其实就是指出了国际体系的结构对国家身份和利益的建构作用。因为从逻辑上看，身份决定利益，利益决定行为。建构主义其实是身份政治理论。②

  建构主义出现之前的国际关系理论都认为，国家的利益在国家参与国际体系之前就已经得到确定，因此国家利益是既定的和客观的。出现在国家之后的国际体系仅仅能制约和影响国家的行为，但不可能改变国家既定的利益取向。"理性的"国家在既定的目标指引下，在参与国际体系的过程中，会最大程度地实现国家利益。这也是结构现实主义和新自由主义理论认同的观点，但是建构主义对这个观点有不同的认识。建构主义认为，国际体系和国家之间存在相互影响、互相建构的过程，国际体系的结构可以约束和影响国家的行为，这个影响国家行为的过程，还重新建构着国家的身份和国家利益。国际体系结构在建构主义看来是一种观念的分配，这就可能存在着变化，所以国际体系结构建构的国家利益同样会发生变化。建构主义认为，如果国家在利益上不是天生利己的话，那也就是说，这个特征是可以后天改变的。建构主义还认为，国家利益的特征是由文化建构的，其利己的特点是可以改变的，国家自诞生之时就已经确定了自身的利益，而且随着与其他国家交往程度的加深和频率的加强，国家间的认同逐渐会内化，在观念中会出现一些国家交往过程中的相互认同，并认为这种相互认同属于"同一类"。而当"同一类"的成员都涉及整体事务时，就不会再自私地寻求自身利益的最大化了。也就是说，国家在交往过程中会习惯"同一类"的集体身份，并且这种身份具有感召力，让其他没有这种

---

① ［美］亚历山大·温特，秦亚青译：《国际政治的社会理论》，上海人民出版社2000年版，第28页。
② ［美］亚历山大·温特，秦亚青译：《国际政治的社会理论》，上海人民出版社2000年版，第27页。

身份的国家也要具有这种超越国家本身的身份，因为创建群体认同可以促进国家利益，并能成为国家间的"同心圆"。① 建构主义进一步阐释，国际组织教会了国家应该具有什么身份，进而国家根据被教会的身份来定义自己的利益。② 有了这一论断，也就能解释各国如何克服个体理性与集体理性的矛盾，制定并遵守国际机制，而行为体通过后天学习改变自私的观点为解释国际法提供了路径。

建构主义认为，作为国际体系的行为体的行为是受到利益驱使的，这些利益需要国际制度来约束，国际制度的地位如何被尊重就成为一个问题：为了满足国家利益的需要，建立国际法的主权制度就成为必要条件，而国际法下的主权制度在建立过程中也一起成为国家利益的有机组成部分，而主权制度的成熟又促进了国家利益的实现。这就不难理解，美国为何在确定了资本主义国家身份之后就举起民主的火炬，这种确定的身份让美国必然保护私有产权、促进自由贸易以及维护市场秩序。这些举措不能靠一国之力来维持，而需要建立相关的国际制度，让国际制度成为保护这些举措的依据，进而促进美国的国家利益，也就是说国际制度自然就成为美国国家利益的有机组成。在这种思想的推动下，二战后，美国在国际上积极倡导建立以市场为核心的国际经济体系，随后成立了国际货币基金组织（IMF）、世界银行（WB）、关贸总协定（GATT），并以此为支柱建立了国际市场秩序体系。进入这个体系的国家都要遵守市场经济秩序，而该体系能让进入的国家获取体系外无法取得的利益，因此逐渐变成其他进入该体系国家需要维护的国家利益。作为霸主的美国不仅需要维护自身霸权国的地位，还要向国际社会提供作为公共产品的

---

① ［美］亚历山大·温特，秦亚青译：《国际政治的社会理论》，上海人民出版社2000年版，第300—301页。
② ［美］玛莎·芬尼莫尔，袁正清译：《国际社会中的国家利益》，浙江人民出版社2001年版，第46页。

霸权规则，以维持国际社会的霸权秩序。在这种情况下，美国和其他国家在国际体系内展开多方合作，一起推动着国际秩序的正常运转。可以看出，霸权体系的建立和维持，既是霸权国家的利益之所在，也是体现公共利益的公共产品。进一步说，目前的国际体系是一种霸权治理体系，因为现行的国际机制和国际法都是美国主导建立的，它们从机制和法律上认同了美国的霸权地位，其他国家在接受国际机制和国际法的基础上进入国际体系当中，其实也是在巩固国际体系，并在霸权治理下追求国家利益和塑造国家身份。

第五节　国家利益的分类

一、国家利益的层次

国家利益是随着时代的变化而变化的。影响国家利益的因素有很多，包括国内政局走向、经济周期、突发事件，甚至一些历史遗留问题，每一个因素的变化都能影响到国家利益的取向。小布什刚上台时，推行价值观外交，民主国家同盟让世人感觉意识形态在美国国家利益中的地位不断上升，但是"9·11"事件却改变了美国的国家利益侧重点，国家安全成为白宫的头等大事。

托马斯·鲁滨逊在《国家利益》一文中将国家利益分为三个层次：第一层是单个国家的利益，它表现出来的是国家利益的特殊性；第二层是两个或两个以上国家的共同利益，是第一层次的单个国家利益的交叉和重叠，表现的是国家利益中的共性或普遍性；第三层是世界各国的共同利益，也是全人类的共同利益。① 另一位美国学者罗宾逊从国家利益中归纳出特殊性、持久性和优先性，并由这三个特性划分出六种不同类别的利益：第一，生死攸关的利益，这层国家利益是核心，是不能妥协的战略利益，诸如领土完整和国家安全，它们涉及国家之为国家的基本要素和目标；第二，非重大利益，这部分国家利益是可以通过谈判妥协的，涉及的是国家普遍需求的具体方面；第三，一般利益，这部分利益基本外溢在国家之外，诸如维护地区和平、促进经济繁荣等涉及全球性的利害关系；第四，特定利益，这种利益涉及的是国家明确界定的短期或者有限的目标；第五，永久利益，这部分利益是国家不变的目标，诸如保护领土边界等；第六，可变利益，这部分利益是指国家针对特殊的地理或政治发展所做出的反应。② 美国国际关系学者罗伯特·阿特认为，一旦国家利益被国家确定，便会推动这个国家的军事安全和外交政策等一系列战略：国家利益决定了国家发展的基本方向和目标，也决定了国家在对外交往过程中对资源需求的类型和数量，同时决定了国家实现利益目标要遵循的资源运用的方式。③

表2—1　美国国家利益排序

	美国国家利益	排序
1	本土防御	生死攸关利益
2	欧亚大陆大国间的深度和平	高度重要利益
3	波斯湾石油通道安全，石油价格合理	高度重要利益

---

① 俞正梁：《变动中的国家利益与国家利益观》，《复旦学报（社会科学版）》1994年第1期。
② Thomas Robinson, "National Interests," in James N. Rosenau, ed., International Politics and Foreign Policy: A Reader in Research and Theory, New York: Free Press, 1969, pp. 184 - 185. 转引自 Mark R. Amstutz, International Conflicate and Cooperation, Boston: McGraw - Hill, 1999, p. 179。
③ ［美］罗伯特·阿特，郭树勇译：《美国大战略》，北京大学出版社2005年版，第57页。

续表

	美国国家利益	排序
4	国际经济开放	重要利益
5	巩固与扩展民主，尊重人权	重要利益
6	保持没有严重的气候变化	重要利益

资料来源：［美］罗伯特·阿特，郭树勇译：《美国大战略》，北京大学出版社 2005 年版，第 57 页。

2000 年，美国国家利益委员会发布了《美国的国家利益》报告，把美国国家利益分为三个层次，并在这三个层次的基础上，提出美国为这三个层面的国家利益应采取军事行动的原则。[1]

表 2—2　美国实现国家利益应采取的军事行动

美国国家利益	美国应采取的军事行动
1. 生死攸关的国家利益	即使在没有盟友参与的情况下采取单边行动，美国也要准备投入战斗
2. 极端重要的利益	美国只有在生死攸关的利益受到威胁的盟国的共同参与下才应准备动用武装力量
3. 重要的利益	美国应个案处理，并且只有在低代价和其他国家分担最大费用的情况下才应参与军事行动

资料来源：The Commission on America's National Interests, America's National Interests, July 2000, p. 17. http://www.nixoncenter.org/publications/monographs/nationalinterests.pdf。

国家利益的复杂性和复合性决定了国家利益不能以一概全。一方面，地理环境和国力的不同，必然会造成国家对外政策和利益追求的偏好差

---

[1] The Commission on America's National Interests, America's National Interests, July 2000, p. 17. http://www.nixoncenter.org/publications/monographs/nationalinterests.pdf.

异。比如新加坡位于重要的国际航道上，它对国家利益的诉求绝不亚于比自己大3800倍的最大的内陆国家——哈萨克斯坦的诉求；另一方面，国家利益是由各个国家自己做出的，必然有偏好和标准，例如同样是欧盟的成员国，北欧国家的对外政策更关注其他国家的人权状况，而南欧国家则更关心其他国家的经济情况，它们对国家利益的解读有不同的视角和方式。因此，只有具体到特定的区间内才能对国家利益进行分析，在特定的时间和空间内，国家才能明确围绕国家利益来确定其战略和原则，依据特定国家利益的界定，才能判定与其他国家是否存在利益关系上的冲突和合作的空间，进而制定具体的外交政策。对国家利益所处时间和空间上的准确把握，直接决定着国家利益的准确与否。亨廷顿认为，冷战后美国由于缺乏明确的利益确认和利益认同，其真正的国家利益受到狭隘的次国家、跨国家和非国家利益的侵蚀。[①] 产生这种现象的原因是美国没有在时间和空间两层维度上对国家利益进行再确认，有时一个国家的外交战略惯性让这个国家没有注意到周边环境的变化，也就是时间的推移和空间的变化会使国家利益产生主观上的改变。例如，苏联解体后的俄罗斯并没有关注到自身实力的下降，仍然惯性地认为可以像苏联一样追求超级大国的地位，这种错觉导致俄罗斯的生存空间被北约进一步压缩，国家利益遭受巨大损失。中国在改革开放的过程中对时代背景做出正确的判断，并以此定位了实现国家利益的空间，对国家利益实现的时间也进行了充分的论证和把握，采取了"韬光养晦"战略，同时作为发展中国家进入国际体系当中，充分实现了国家利益，并得到国际社会的认可。

[①] Samuel Huntington, "The Erosion of American National Interests", Foreign Affairs, Vol. 76, No. 5, September/ October 1997, pp. 28 - 49.

二、中国的国家利益结构

中国的国家利益需要从经济全球化深入发展的时间区间切入进行分析。不可否认的是，这轮全球化是由西方国家主导的，必然是从西方国家利益为出发点来进行相关国际制度和规则的设计，这必然会与广大发展中国家的利益产生冲突。在全球化中居统治地位的资本利益的诉求是让国家让渡出更多的利益，甚至包括一些以往无法让渡的国家利益。例如，作为国家财政收入主要来源的关税，在国际资本看来是阻碍生产要素在国际流动的主要因素，因此需要国家降低关税，取消国家对市场的干预，以及进行大规模的私有化，以此来满足国际资本的需要。中国在权衡国家利益在这一轮全球化中的利害得失后，积极地改变自己，融入国际体系当中，通过让渡一部分国家利益，以换取对于中国来说最大的国家利益——发展。

本书引用王逸舟和阎学通两位教授的观点，对中国的国家利益进行分类。在王逸舟看来，中国主要国家利益的等次及它们的实现顺序是：首先，完成国家的建设，包括国家富强、经济发展、社会稳定、广大民众的安居乐业，在此基础上积极稳妥地推进政治民主化和法治化建设，铲除腐败现象的根源，在减少地区经济差别和不断改进生活质量的前提下，保证各民族的和睦相处；其次，争取在不造成任何大的震荡和外部冲突的条件下，保障中国领土领海的完整和不受侵犯，加快推进祖国统一大业的实现，使中国实现在各个领域全面崛起，同时也是一个彻底革除历史遗留的分裂分治格局的进程；第三，不仅要发挥亚太地区重要大国的主导作用，更要争取成为国际社会"指导委员会"（如联合国）和各种国际机制的重要成员，在"有理、有利、有节"和"斗而不破"的策略指导下，渐进而有效地推动现有国际政治经济秩序的改造，使之更加符合多数国家的利益和人类进步的方向。上述三层次之间自然不是简单的顺从、依附或服务的关系，但它们的重要性及实现顺序理当有所区分；这是一个复杂和动态的协调过程，其间可能充满矛盾与小的冲突，三大利益之间可能在总体次序不变的前提下偶尔调整重要性的顺序。① 阎学通则将国家利益直接分为政治利益、经济利益、安全利益、文化利益等。②

但是无论对中国的国家利益如何划分层次，都要看到中国国家利益战略设计的内向性和防御性。实现国家利益的根本，对内是以经济建设为中心，对外政策的制定也是围绕着为中国的发展创造和平的条件。③ 冯天瑜从文化角度对中国的内向性进行分析认为，"一些游牧民族，如成吉思汗时期的蒙古和一些海上民族，如古代的罗马人、近代的英国人以及日本人，多次制定过征服全世界的计划，而在中国汗牛充栋的经、史、子、集各类典籍中可以发现，我们的先民有过'兼爱''非攻''礼运大同'之类美好的理想或奇妙的玄想，唯独难以找到海外扩张、征服世界的狂想。这大概只能用建立在自然经济基础上的大陆——海岸农业民族平实、求安定的文化心理加以解释。"④

前国务委员戴秉国认为，任何发展道路的选择都不可能以牺牲国家重要利益特别是核心利益为代价。我们的核心利益：一是中国的国体、政体和政治稳定，即共产党的领导、社会主义制度、中国特色社会主义道路；二是中国的主权安全、领土完整、国家统一；三是中国经济社会可持续发展的基本保障。⑤ 在明确了中国的核心利益后，就能明确哪些是可以让渡的次要利益，即可以变成共同利益的利益。

在确定中国的国家利益和利益结构中需要看到的是，在全球化的发展

---

① 王逸舟：《国家利益再思考》，《中国社会科学》2002 年第 2 期。
② 阎学通：《中国国家利益分析》，天津人民出版社 1996 年版，第 302 页。
③ 潘忠岐：《国家利益的主体性与中美安全关系》，《现代国际关系》2003 年第 11 期。
④ 冯天瑜等：《中华文化史》，上海人民出版社 1990 年版，第 121 页。
⑤ 《中共中央关于制定国民经济和社会发展第十二个五年规划的建议》辅导读本，人民出版社 2010 年版，第 32 页。

过程中，仍然充斥着不平等、不公正的现象，这是因为国际制度在设计初期已经带有西方国家行为偏好和意识形态的影响，广大发展中国家在这样的境况下争取更加公正合理的制度规范的要求可以理解，但是实际操作的空间却很小，反对霸权治理和强权政治的声音仍旧不绝于耳，但是并没有付诸行动，仍然在没有多少改变的国际体系中进行国家间的交往。因此，国家只有顺应全球化时代发展的需要，才能对国家利益进行有效的维护，向全球化做出的妥协虽然会在短期内对国家利益造成一定损失，但从长远看却是明智和理智的选择，是具有战略意义的选择，不仅能真正地保护本国人民的发展需要，还能推动人类社会的共同繁荣。

综上所述，国家利益是国际关系研究中最核心的问题之一，不管哪一个国际关系学派都无法回避，都需要紧紧围绕这个核心的问题展开各自的论述。现实主义的"权力利益观"和"安全利益观"，新自由主义的"合作利益观"，以及建构主义的"观念利益观"，这些学派必须将国家利益论述清楚后，才能对其他国际问题展开分析。

古典现实主义认为，物质条件的变化可以改变国家内各个行为体的利益，这些行为体的利益要求又塑造了国家的对外政策。如此，国家利益的来源在现实主义看来是被置于国家之内而不是国家之外的。即使问题所涉及的条件对国家而言是外部的，但这一基本逻辑仍然适用，比如在分析有关国家间的国家安全和权力关系时，这种逻辑同样适用。权力分配的变化可能发生在国家之外，但安全偏好是国家固有的。偏好转化为政策和行为的方式要么是毋庸置疑且放之四海而皆准的，要么取决于国家内不受跨国影响的政治和决策。[①] 但是古典现实主义者也认为，联合国为实现和平解决大国之间争端具有特殊的意义，它能为大国间不具有重大利益关系的次要冲突提供和平的解决方法，大国愿意将冲突提交以多数票选出的某一个

---

① 参见 Stephen D. Krasne, Defending the National Interest (Princeton: Princeton University Press, 1978)。

国际组织来处理。在处理可能影响大国核心利益的纠纷时，联合国的重要性在于程序。联合国为新外交技术的应用提供了机会，并且运用得当的话，还会减少损失，进而和平解决争端。特别是在冷战的情况下，当东西方关系降到低谷时，联合国不同的机构让两大阵营之间的代表保持着联系，来为政治解决各种分歧提供保证。由此可见，联合国扮演着利益协调者的角色。

任何对国家利益的属性界定都不能离开时代背景。在冷战紧张的情况下，现实主义所持有的"权力利益观"乃至"安全利益观"完全是合乎情理的认识，也适应当时的国际大环境。新自由主义的"合作利益观"是在20世纪80年代冷战趋于缓和、国际合作走向紧密的情况下提出的，而建构主义的"观念利益观"是在冷战结束后、全球化迅猛发展的背景下提出的。如果建构主义的思想是在冷战的剑拔弩张之时诞生的，那么这种"观念利益观"肯定会贻笑大方。虽然国际关系理论的产生有其时代背景，但是它们之间也有着研究范式上的相同之处，它们在分析国家和行为体的偏好时考虑了两项假设。其一，它们认为假定的国家偏好是毋庸置疑的，即国家知其利益所需，并且这些利益诉求对于后面的研究者来说也不言自明。其二，这些理论直接或间接地把国家偏好设定在国家内部，而专家和学者在分析问题时都倾向于有一种假设，他们将政策偏好看作是研究中的因变量，以此出发来质疑政策偏好，并在这样的前提假设下，来详细地描述国家行为体内部的需求判定和政治行为。

对于国家利益的属性界定依然将随着国际关系进一步发展而变化，当前，一系列的新问题、新变化在全球化日益深化的过程中不断展开，尤其是国际关系理论各个流派对于共同利益的研究加深了我们对国家利益的动态了解。特别是国际关系的不断演变，逐渐改变了国家利益的零和关系，国家利益虽有对抗性的一面，但更多的是可以调和的，并且在相互依存的全球化时代下，很多国家利益变成人类的共同利益，所以有效维护国家利益的方式由以往的对抗变为合作。① 这些新的变化对国家利益的属性以及相关理论分析提出了挑战,并促进它们进一步发展。共同利益的产生和不断拓展不仅成功地推动着区域一体化向纵深发展,还成为解决全球问题的关键和全球治理的最佳通道。从区域治理和全球问题的角度出发,推动利益共同体的发展,不断实现共同体的制度化对地区长治久安而言至关重要。

---

① 阎学通:《国家利益的判断》,《战略与管理》1996年第3期。

第三章 共同体理论分析

从人类社会发展的进程看，共同体的形成来自于物质利益、思想观念和外部压力等要素的合力，表现为人们在不安全的世界中寻找安全感和确定性，用以维系紧密的关系，达到依存和信任。从国际政治的范畴来看，共同体也是一个具有自我认同的概念，它在国际体系中承载着共同的行为准则和价值标准。要建立共同体，有三个条件必须同时满足：其一，共同体内部成员间的集体身份认同；其二，成员间彼此承担责任；其三，共同体与外部世界存在差异，并为外部世界所承认。进一步说，共同体对内要求以共同利益和共同认同作为价值标准，而对外则要求以生存安全和发展安全作为存在的前提，往往外部的压力会增强共同体的凝聚力。从这个层面说，所有的共同体都是以安全作为存在的条件，共同体本质上都是安全共同体。共同体既是目标，也是实践过程。

第一节 共同体的界定

在社会科学领域中，对共同体（community）的认识有不同的层面，共同体这一概念的界定自然也没有一个确切的解释，因此共同体是一个富有阐释空间的概念，社会学、政治学甚至经济学对"共同体"都因各自的特点而产生了不一样的诠释。学科之间也不断有争论，可以说，"共同体"涉及众多学科范畴，自然对其的解释也多种多样，它可以是一个家庭、一个家族、一个群体，还可以是一个民族、一个国家，甚至整个世界。共同体通常在两种情况中使用：一种是"指某种人口集合或群体划分"，这属于一般描述性的意义；另一种是"专门用于刻画某种特殊的社会联结方式和交往关系"，这被用于特定规范性的意义上。同样是共同体一词，根据不同的语境，其所表述的内容和目的也各有侧重。[1]"人必须选择有公共权力的共同体生活才能避免人与人之间像狼一样的自然状态，得到生存和发展的安全保障。"[2]霍布斯的这种观点是以贪欲和恐惧为起点的。亚里士多德则认为："人类在本质上是一种政治动物……本能地要过共同体的生活……人参加各种层次的共同体，目的都是为了实现自己对至善生活的追求。"[3]英国学者鲍曼对共同体的定义为："共同体是指社会中存在的、基于主观上或客观上的共同特征而组成的各种层次的团体、组织，既包括小规模的社区自发组织，也可指更高层次的政治组织，而且还可指国家和民族，即民族共同体或国家共同体。"鲍曼认为共同体是一个褒义词，象征着互相帮助、互相信任、和谐发展，它的本质是通过传递给成员安全的、令人愉悦和神往的满足感，让人向往一种传统的、团结的、和谐的、稳定的世界和生活。[4]所以，目前的共同体研究理论是在对自由主义中的自由理论展开批判而发展起来的。传统的自由主义认为，在人与社会的关系

---

[1] 李义天：《共同体与政治团结》，社会科学文献出版社2011年版，第1页。
[2] [英]霍布斯，黎思复、黎廷弼译：《利维坦》，商务印书馆1995年版，第94—132页。
[3] [古希腊]亚里士多德，颜一、秦典华译：《亚里士多德选集·政治学卷》，中国人民大学出版社1999年版，第6页。
[4] [英]齐格蒙特·鲍曼，欧阳景根译：《共同体》，江苏人民出版社2007年版，第1—2页。

第三章 共同体理论分析

中，个人优先于社会，个体的价值一定是置于社会价值之前，自由主义不论怎样发展，始终秉持个人权利至高无上。以此为逻辑起点，在如何认识共同体问题上，自由主义也是将个体价值置于共同体价值之前。这就存在一个问题，即个体的权利显然超出共同体权利范围，而自由主义却有意识地回避了权利是社会的产物这一历史现实，因此无论是传统的自由主义还是新自由主义，都把"天赋权利"视为个人存在的前提，依照这种规定性和逻辑，就自然而然地将人描述成是由一系列法权所规定的抽象物。

由于自由主义理论是以个人先于社会这一假设为出发点，因而就解释不了共同体的形成过程。19世纪80年代，德国社会学家滕尼斯对共同体提出了系统深刻的观点。他在《共同体与社会》一书中运用两分法，从人类发展的过程中，提炼概括出人类两种结合聚群的类型：社会与共同体。"血缘共同体作为行为的统一体发展和分离成为地缘共同体，地缘共同体直接表现为居住在一起，而地缘共同体又发展为精神共同体，作为在相同的方向上和相同的意向上的纯粹的相互作用和支配。"[①] 滕尼斯将共同体这一概念放到人类聚群的过程中进行解读，将共同体按照人类社会由低级向高级演进的过程分为血缘共同体、地缘共同体和精神共同体三种递进的形式。滕尼斯的研究认为，"人的意志完善的统一体"是一种原始的、天然的状态，并把其作为共同体的出发点。[②] 滕尼斯认为："共同体中的成员拥有相同的身份与特质，因此建立并不是外力的驱动，而是自然而然建立起来的……共同体是历史的积淀，共同体中的成员是一群特定的群体，具有特定的关系，具有共同的追求、习惯和记忆，表现为和睦、自愿、平等以及互助的关系。"具体表现形式还包括家庭、部落、氏族和城邦等。滕尼斯界定的共同体有如下特征：第一，共同体具有一种非常特殊的生存方式，通过人们之间的自愿结合而形成。第二，这些特定的群体，拥有高度

---

① [德] 斐迪南·滕尼斯，林荣远译：《共同体与社会》，商务印书馆1999年版，第65页。
② [德] 斐迪南·滕尼斯，林荣远译：《共同体与社会》，商务印书馆1999年版，第52页。

统一的意识形态、价值信仰等，并且共享这种状态。第三，共同体中的成员通过互信、互助、共享来满足本身所追求的安全感和归属感。

英国学者鲍曼在滕尼斯研究的基础上指出，共同体的存在价值与它和谐的特点同等重要。片面地、人为地夸大共同体的"温馨和纯洁之美"，或者一味地贬低其存在的价值，对共同体同样意味着逐渐消亡，而且这种消亡是不可还原的。原因很简单，因为这是在自愿基础上建立起来的信任，共同体一旦解体，就不可能再还原。[1] 也就是说，尽管共同体在种类、规模和层次上存在诸多的不同和差异，但共同体表现了一种纯粹的公共生活，成员互相交流、互相理解、共同创建并维系共同体；共同体的生活具有公开性和共享性，对于其中的成员来说，他们共同参与空间的生活，信息共享，拥有共同的目标，追求和谐和统一，即"在不安全的世界里寻求安全感"。从鲍曼的共同体理论可以看出，人是社会的产物，个人的价值是在社会发展过程中构建的。此外，他还比较了滕尼斯的"共同体"和"社会"，得出："'共同体'是自然形成的、整体本位的，是小范围的、古老的、传统的；而'社会'是有目的的人的联合，是非自然的、个人本位的，整合范围要大得多，是新兴的、现代的。"[2]

追溯德国古典社会学，清华大学的秦晖教授将共同体定义为："共同体是由个人之间的共同忠诚、价值和血缘联系在一起的有机统一体，'共同情感、经历和身份纽带'是其建立的基础。"可见，共同体中的成员具有相同的习俗和价值认同，关系紧密，互相扶持和帮助；追求安全、持久的情感和身份的认同，享受相互占有的生活、朋友、财产；并且保护和捍

---

[1] [英]齐格蒙特·鲍曼，欧阳景根译：《共同体》，江苏人民出版社2007年版，第4—8页。

[2] 秦晖：《共同体、社会大共同体：评滕尼斯的"共同体与社会"》，《书屋》2002年第2期。

卫这样的共同体和生活免受侵扰。① 桑德尔指出:"自我的主体性不能脱离共同体,个人的认同和属性是由共同体所决定的,因此个人不能自发地选择自我,而只能发现自我,是共同体决定了'我是谁',而不是'我选择为谁'。"② 可以看出,共同体的存在决定了成员的存在,也决定了成员的身份。

第二节 共同体理论与西方自由理论的融合

成员提供安全保护是共同体的基本功能,共同体也是人类生存发展的根本方式。人们通过它获得安全保护,寻求安全感。这里的"安全"被认为是广义的安全,与非传统安全观相吻合,强调以人为基点的生存安全与发展安全,区别于传统安全观下以国家为基点的军事安全和政治安全。从政治学、社会学的视角来看,人类出于生存和发展的需要,具有过共同体生活的天然倾向,共同体已然成为生存的庇护所、发展的手段和安全感的慰藉之所在,是"一种有机的、前现代的小规模社会联系纽带,尤其表现为小团体与部落"。从这一层面讲,共同体显然是一种社会的组织形式;放到国际政治社会学的谱系中,按照国家、国际体系、国际社会、国际这样由低到高的顺序排列,国际共同体就是国际社会的高级阶段,显然高于社会的组织发展形式。

通过对学者有关共同体定义的考证可以得出:共同体一直是一个褒义词,自14世纪以来,从没有负面的含义,也没有明确的歧义。西方从传

---

① [德]斐迪南·滕尼斯,林荣远译:《共同体与社会》,商务印书馆1999年版,第54—94页。
② [美]迈克尔·桑德尔,万俊人等译:《自由主义与正义的局限》,译林出版社2001年版,第173页。

统社会向现代社会转型的过程中,无论是启蒙运动还是文艺复兴,都强调个体的自由和解放,凸显个体的价值,而个体主义和自由主义的价值又是资本主义的精神之所在。所以,时代的进步同时需要将作为保障个体生活安全的传统共同体摒弃,甚至是完全摧毁,以此作为资本主义发展的前提,这一过程可能会破坏人们所追求的安全与和谐。传统的共同体在资本主义时代瓦解后,人们意识到在取得个体自由的情况下,自身安全和谐的生活与共同体一起被抛弃了,这也就是共同体存在的重要意义。这里有两个问题亟待解决:第一,共同体与身份认同的问题。人的发展不能以不安全作为代价,进一步说,在共同体瓦解之后,人们对身份的认同更加急迫,像以往个体在共同体内的身份认同一样,在共同体内人们可以有安全和谐的生活,因此人们对共同体拥有深厚的感情,同时这也是共同体存在的特殊意义。第二,伴随着工业革命和西方社会的进步,安全困境也应运而生,资本的逐利性使人们之间的利益冲突比以往更为严重,而从传统共同体的规范中走出来的人们无法接受弱肉强食的"丛林法则"。从传统共同体中走出来的人们习惯彼此间的亲密关系、信任和安全,但这在现实社会中却被残酷无情地撕裂,无论是在现实和在心理都出现了巨大的反差。从此,共同体成为人们追求更美好生活的一种理想状态,而在人们向往的共同体中,安全因素是一个重要的因子。鲍曼认为:"个体身份认同的脆弱性和独自建构身份认同的不稳定性,促使身份认同的建构者们去寻找能拴住个体体验的担心与焦虑的钉子标。"[1] 在现代社会中,一种全新的共同体——民族国家被创造出来,它被用来消除人们对传统共同体中安全与稳定的追求,以此达到人们对新身份的认同。

工业革命终结了欧洲传统的社会发展模式,从而引发欧洲社会结构的巨大变化,生产方式、人的交往关系也在工业革命中发生了巨变。人与人

---

[1] [英]齐格蒙特·鲍曼,欧阳景根译:《共同体》,江苏人民出版社2007年版,第14页。

从工业革命前的身份交往逐渐变为经济交往，经济交往的建立就成为卢梭提出的契约关系产生的前提。欧洲原来的生产关系在新的经济交往中必然被颠覆，而身份的认同在生产关系变化中也逐渐形成。在当代资本主义形成的过程当中，个体自然依存的传统共同体被社会化大生产和社会分工肢解，在社会化大生产的过程中，独立的个体摆脱了共同体的束缚，进而享受到充分的自由，但是这种自由也是有代价的，那就是很少人能在新生活当中寻求到传统共同体所提供的保障以及身份的认同。欧洲的工业文明必须要解决这个问题：失去传统意义上的、被解放出来的个体，如何在工业社会中重构身份认同。经过探索，欧洲通过工业主义和民族主义，重新建构了传统意义上的共同体，具体表现就是，通过工厂和民族这两个载体重新实现了人们在精神和物质上对自由身份的认同。与此同时，欧洲的基督教给予了社会最大的精神寄托，给欧洲因社会变化产生的矛盾以及冲突提供了缓冲。欧洲的工业化进程中，统治阶级充分地关注对社会的保障，给民众提供的社会福利也成为稳定社会生活的关键，宗教和社会保障成为工业文明以及重构共同体的双重保险，防止了欧洲社会因生产关系变化而带来的社会撕裂，同时也平衡了自由主义理论下的个体主义和自由主义意识形态的对冲。进而，传统共同体与个体的关系演变成为现代民族国家与公民的关系，在这里面最重要的就是，现代国家可以成功地满足公民对安全和自由的双重需求。

欧洲的启蒙运动切断了西方现代社会与传统社会之间的联系，新的公民道德体系和价值结构在欧洲重新建立。现代共同体理论的探索者试图建立一种空间的对话形式，如强调协商、参与等交流形式，或者通过共同的政治信仰以及对善的基本追求恢复对共同体的感知。马克思在《德意志意识形态》中批判国家为一种虚假的共同体，用存在决定意识的原理揭示了国家的阶级本质。他在书中写道："取得统治地位的阶级，凭借自己的阶级优势地位，总是把自己的特殊利益说成是普遍的共同利益，把自己的特有思想表述为合理的、有共通性的思想。如此，国家就成为'普遍利益'的代言人，穿上了合法的外衣，也让统治与被统治的关系合法化、永恒化。"① 资本主义社会也是一个共同体，统治了个体的思想，国家的政权才能作为合法手段存在，即这种关系是以异化的形式展现，相对于个体，国家是虚假的、抽象的共同体，②"市民社会是构成国家和其他一切上层建筑的基础，资本主义国家虽然是建立在市民社会基础上的，但资本主义国家并不等同于市民社会；并且在现实生活中，资本主义国家仍然会对市民社会中的个人构成威胁，会驾驭市民社会，因为政治国家的强制性和绝对权威性会压制、统配市民社会中的个人。"马克思认为："从前各个人联合而成的虚假的共同体，总是相对于各个人而独立的；由于这种共同体是一个阶级反对另一个阶级的联合，因此对于被统治的阶级来说，它不仅是完全虚幻的共同体，而且是新的桎梏。在真正的共同体的条件下，各个人在自己的联合中并通过这种联合获得自己的自由。"因此应该构建一个"消灭分工，消灭人的异化，消除物质关系，把人从被奴役、被统配和被忽视的社会关系中解放出来的真正的共同体"。③

成员间在共同体内的认同是通过身份来达到彼此之间的确认的，在此基础上，共同体的成员必须承担在共同体内的相应责任，即共同利益和共同认同，这与身份认同同样重要，同样应该被尊重。对于共同体来说，根本的问题就是安全问题，也就是共同利益和共同认同问题，这种安全问题是一种综合的生存安全和发展安全。进一步说，共同体之所以成为共同体，其出发点就是安全。人类的发展史展现了共同体层级不断递进并在递进过程中持续丰富内涵的演进过程：从血缘到地缘，再演进到精神共同体，这都表现为人类有目的、有组织的生存方式。在国家内部，共同体在

---

① 马克思恩格斯选集（第1卷），人民出版社1995年版，第119页。
② 马克思恩格斯选集（第1卷），人民出版社1995年版，第119页。
③ 马克思恩格斯选集（第1卷），人民出版社1995年版，第119页。

民族国家形成后的演进步骤为：家庭——村落——部落——国家；在民族国家之上的层面则为：国家——国家联合体。

在共同体的价值层面，基本是围绕共同体内成员身份展开的，在此过程中，共同体成员身份认同都是弱者归附于强大的集体，集体身份冲淡了个体身份，同时却很少考虑到指定的身份认同是否存在一个主观的基础。从共同体发展的过程可以看出，欧洲共同体的形成是从传统到现代的转变，身份的认同在这种转变过程中得以延续下来，最终形成超国家的认同。超国家认同最明显的特征就是超越了民族与国家。

社会理论家涂尔干说："传统社会的根本特点是'同质性'与'未分化性'，同质的、未分化的社会需要同质性的价值情感和信仰，以维系着整个社会的机械有序性并实现社会整合，即'集体意识'"。[①] 在这种集体意识下，安全和共同利益的存在在一定程度上限制了人的自由与创新。共同体中个人思想和行为的最高价值原则是共同体有其极力维护的价值法则，这个价值法则具有普遍性和强制性，并支配着个体社会生活的全部领域，共同体中的个体要服从共同体的利益需要。

在民族国家形成的过程中，共同体一般就是一个民族。由于民族意识的观念与共享的领土基础或共享的文化传统之间有着持续的联系，这样的共同体就被赋予了命运相连的特征。这种特征也意味着，人类之间在伦理上的一些意义重大的关系并非是他们有意识选择的结果，而是有一些并非人类自身创造的力量将人类相互捆绑在了一起，不管人们喜欢与否，这就是人们常说的，"我们都是同一条船上的人"。相互捆绑包括政治、文化、语言，甚至是宗教信仰的桎梏。作为一种意识形态而存在的共同体理论认为：共同体的核心价值是共同体中的成员必须积极参与共同体中的事务，以此创造和体现民主，限制独裁，培育相互依存关系，从而构建更加平等

---

① ［英］涂尔干，渠东译：《社会分工论》，商务印书馆2003年版，第3页。

的社会。共同体理论有其预先假设的世界观，是一个以认识论和本体论共同建构下的理论，在这样的一个理论支撑下，共同体主义者所要做的就是如何成功说服那些持不同世界观的人，促使他们改变原来的想法。这也是欧洲共同体形成的理论准备。

欧洲共同体作为一种社会的组织形态，贯穿于西方社会整个近现代的演变过程，而其在现代意义上民族国家形成过程中的地位更是举足轻重。共同体具有超国家性，这一特殊的性质在欧洲社会展示出了生命力，欧洲社会的整合，尤其是公民社会的崛起以及意识形态的碰撞，不断地赋予共同体超国家的现实意义，但并不是说，这种共同体作为一种模式可以任意复制，或者可以在欧洲以外任何地区实现，欧洲以外建立的所谓共同体最终都脱离了共同体的本质。以国家权力让渡为必要条件成立的欧盟，在成立之初就有明确目标，例如将统一的政治、经济、社会及安全考虑其中，并逐渐演变为多国整合的共同体，这是人类历史上的首创。自从威斯特伐利亚体系形成之后，从生存与发展的客观要求出发，民族国家建立了有别于原有的民族—国家的理念。欧洲共同体的创始人认为，欧洲政治共同体是两种政治行动的结果，其一是将共同体内的群体视为其在过去与未来都是相互关联的群体，其二是宣称他们的这种关系应该服从共同善的标准，其中包括视为互惠性正义的合法性这一基本的善。① 欧盟的建立是欧洲人理性的历史选择，也是自己在对历史和传统反思的基础上进行的一次大胆的尝试。所以，独特的社会发展的历史特点，让欧共体和欧盟的成功似乎有些神秘，但是这些特点既有历史的也有环境的影响，其他地区要认清这一点，不能一味地模仿，而应该立足于本地区实际，走适合自己的区域整合道路。

有些人对共同体理论提出质疑，在很大程度上是认为共同体背离了西方的自由传统。这种质疑的逻辑在于共同体批判了西方的自由主义，努力

---

① ［加］斯蒂文·伯恩斯坦、威廉·科尔曼，丁开杰译：《不确定的合法性》，社会科学文献出版社2009年版，第40页。

重建西方政治的核心价值，而且在一定时期内取得一定的成效。例如，将自由、平等的西方价值观引入西方古典德性传统的范畴，并赋予其有针对性的反思的含义。但要看到的是，共同体并没有完全颠覆西方的自由传统，而只是在其逻辑语境下重申了这一传统而已。在共同体理论看来，自由是相对的，而不是绝对的。由此可以推论，自由的政治是一种"差异政治"，承认每一个个体的独特性，从而在尊重多样性的基础上实现和谐统一，可见共同体并非传统的自由主义所主张的民主。共同体理论认为，自由的核心首先是对多样性的尊重，共同体是向所有人敞开的，其特点就是多样性，这种尊重只有在共同体中才能得到，不同的个体在共同体中能够真诚地互助、交流，共同参与其中。其实，西方进入"后自由主义"阶段的标志就是多样性问题的提出，而多样性的问题在共同体范畴内加以阐述，这是共同体理论对西方自由理论的创新。

第四章
利益共同体的界定与分析

　　自从中国在对外交往中提出"利益共同体"的概念后,"共同体"频频出现在中国的对外政策和对外关系中。对利益共同体的认识及其价值取向,表明中国已经开始从国际社会整体来考虑自己与世界的关系,并认真、准确地参与到全球治理当中。利益共同体的外交思想是对"韬光养晦,有所作为"的发展,利益共同体比韬光养晦更容易被世界接受,不易产生误解,比有所作为更准确地说出具体的行为方式。可以说"韬光养晦、有所作为"的外交思想体现的是中国文化上的哲学智慧,是种只能意会的东方思想,而利益共同体却表明了中国文化的价值取向,是更容易具体操作和被接受的策略。利益共同体思想在中国的外交实践中体现的是以合作共赢为核心的新型国际关系观。

第一节　利益共同体概念和分类

一、利益共同体的定义

在国际政治领域，利益共同体是在国际行为体之间的共同利益基础上产生的，是参与国际体系中的行为体基于共同利益不断增多的情况下，通过相互之间信任、认同组成的利益合作载体。

国家之间、区域之间形成的大范围、多层次的共同利益，不仅可以巩固国家间和地区间的关系，而且可以降低和规避分歧与风险带来的不确定性。在多层次的利益关系基础上形成的共同体更和谐，而在共同体下建立的利益关系更稳定。从国际实践中可以看出，利益共同体规模取决于相互之间的利益范围，利益范围越小，共同利益就越简单；利益范围越大，层次越复杂，利益共同体规模就越广泛。由于国际行为体的不同，其利益诉求也存在多样性，在国际体系内的互动中，利益需求的总量是一定的，但行为体之间的利益差异化，使得行为体基于不同的利益诉求，可能存在于不同的利益共同体之中。

二、利益共同体的分类

由于的利益的多重含义，在共同体基础上建立的利益共同体自然有多种方式，本书暂将利益共同体分为政治利益共同体、经济利益共同体、文化利益共同体和安全利益共同体。

政治利益共同体是目前利益共同体中最高的形式，是由于行为体之间建立的共同利益涵盖了经济、文化和安全等多层面，行为体之间的利益诉求已经超出共同体的供给，因而要求共同体代表各个行为体来向共同体之外的世界进行利益交换，这样共同体需要成为一个更高层面的方式来与国际社会互动，而在利益共同体成为更高层面的行为体时，就演变成政治利益共同体。政治利益共同体与马基雅维利的国家政治共同体理论在内容上应该是一致的，但是行为主体有区别。《君主论》的核心是阐释国家政治共同体理论，从一个国家内部治理的角度出发来探讨国家与公民、国家与权力之间的关系，以及国家内部各权力机构要素如何有效运行。政治利益共同体则应该以共同体内部的治理作为逻辑起点，来探讨国家与国家之间、国家与公民社会之间，以及共同体内部权力分配如何达到优化配置和有效运行。现实政治体中，欧盟的发展就是最具代表性的政治利益共同体。

经济利益共同体是利益共同体中最容易形成的，也是各种利益共同体形成的基础。自从国家出现后，国家间首先进行的是贸易交往，而贸易的互补性和互利性就为经济利益共同体的形成奠定了基础。亚当·斯密的绝对成本理论就是经济利益共同体存在的阐释：只要一个国家生产成本比别的国家成本低的产品，用以交换比别的国家生产成本高的产品，就会使得各国的资源得到有效利用。有了经济利益的驱使，国家间就容易形成经济利益共同体。最早的欧共体就是建立在煤钢共同体这样一个经济利益共同体的基础上的。现在的北美自由贸易区、美洲自由贸易区、欧盟、中国—东盟自由贸易区等自由贸易区都是经济利益共同体。

文化利益共同体是利益共同体内比较难形成的共同体。文化利益共同体是在共同的语言、宗教或意识形态下形成的共同体，它更强调的是身份的认同。目前的英联邦、穆斯林什叶派国家（伊朗、叙利亚、黎巴嫩）属于此类共同体。随着全球化的发展，人员流动性大，文化交融程度深，文化利益共同体往往作为经济利益共同体和政治利益共同体的附属共同体存在。

事实上，共同体都是安全共同体，本书所说的安全利益共同体更多的是军事利益共同体，更接近于历史上的军事同盟，而历史上的华约组织以及现存的北约和日美安全协定，都属于这种安全利益共同体，安全利益共同体是比较低层次的共同体，也是不稳定的共同体，因为这种共同体存在的合法性取决于外部的"敌人"，一旦"敌人"被"消灭"或者消失后，这种共同体便失去了意义，这也是时下国际上对北约存在的必要性的最大质疑。

本书将对这四层利益共同体展开论证分析。

第二节　政治利益共同体分析

作为人类目前最高形式的共同体，欧盟（欧共体）在孕育的初期是将安全作为首先要考虑的因素，也就是围绕着如何消除法德这两个历史宿敌的恩怨展开的。法德两国的历史恩怨化解后，欧洲大陆的内部安全问题迎刃而解，共同体的安全性就得到解决，在这样的基础上，煤钢共同体的建立就有了安全保障，经济利益共同体的建立也有了条件。《欧洲联盟条约》、欧盟理事会和欧洲议会成为欧盟的基石，进而形成政治利益共同体。

欧盟（欧洲共同体）的建立可以看成是欧洲与共同体在20世纪的双重建构的过程。欧洲作为工业文明的发源地，在人类历史演变进程中具有特殊的历史意义，带有的工业主义特征推动欧洲进入了资本主义社会，它具有进步性和现代性。但是在中国的研究中，学者们习惯将近代与现代人为地分开，即将"欧洲"与"共同体"分别作为实体与意识形态来分析，欧共体更多地被赋予了统一的欧洲观念，而存在于欧洲的共同体更多地是以地缘政治的概念来解读，对共同体这种组织方式并没有去详细研究。

经过几个世纪的发展，威斯特伐利亚和会后，现代意义上的国家诞生，但是现代国家却分裂了传统的欧洲。在饱受分裂和战乱之苦后，欧洲人开始怀念曾经一体的观念，但是曾经一体的精神家园究竟应该是哪一类却成了并不重要的问题，欧洲的先贤并不缺思想，如在欧洲一体化的探索过程中，有圣·皮埃尔在《永恒和平方案》中提出的欧洲邦联思想，圣西门提出的建立某种"以改善人类命运为目的的社会组织体系"思想，有以美国为标榜的卡莱吉的"泛欧运动"，1849年第三届万国和平大会上，法国作家维克多·雨果在致开幕词时提出的"欧洲合众国"等。但是，受历史和其他方面的限制，这些思想和运动最终都没能在实践中成为现实，并真正地推动欧洲共同体的形成。不过，也正因为有了这些思想，欧洲共同体的观念被传承下来，成为推动其实现的力量。最终在19世纪，欧洲的工业主义和民族主义两大思潮兴起，在它们的共同催化下，传统的共同体思想被重新建构，它们通过引导在工业文明当中逐渐增强的民族意识和不断强化作为人们的物质和精神两方面归宿——工厂——的突出作用，进而对人们的身份进行再次确认和强化，以此来增强对工厂的认同感和归宿感。与此同时，宗教提供的精神寄托起到安抚的作用，在生产力跨越发展的工业革命中期，资本主义提供的社会福利和保障基本能满足人们的基本生活和安全的要求，宗教和社会福利成为稳定资本主义社会的双重保险，在这些综合因素的影响下，促进了资本主义社会的个体主义和自由主义的意识形态。[①] 欧洲共同体作为一种联合使人们看到一体化的无限前景，并被寄予厚望。

　　对于欧洲共同体的认识，基于当时环境影响的考虑，人们对欧洲共同体的产生有三个方面的认识。其一，欧洲特别是西欧的文化认同感强烈，政治理念趋同，经济发展水平相近，源于同一个教宗，地理和心理的接受不存在障碍，这就为联合提供了基础；其二，欧洲各国的冲突与战争创伤

---

① 郭台辉：《共同体：一种想象出来的安全感——鲍曼对共同体主义的批评》，《复旦公共行政评论》2007年第11期。

使各国人民渴望和平的愿望急剧扩大，尤其是夹在美苏两个超级大国的中间，并成了冷战阴霾的缓冲区，使西欧人认识到，只有走联合发展的道路才能消除仇恨和战争；其三，昔日西欧两大宿敌法德和解，为欧洲联合奠定了基础，并最终实现了欧洲的统一。值得一提的是，法德当初和解时成立的煤钢共同体，在当时大行其道的现实主义看来是绝无可能的，因为在现实主义看来，当时欧洲实现和平的唯一途径就是如何削弱德国，以至于让它不再东山再起。现实主义无法解释一个国家可以把煤钢的生产、销售等方面的控制权交由一个独立的机构来掌握和行使，而这正为自由主义的国际关系理论提供了"土壤"。

欧洲历史的演进进程对欧洲共同体的建构起到巨大的作用，这种作用甚至是不可复制的。

一、共同的文明基础

欧洲人一向认为，欧洲现代文明是基于希腊—罗马文化发展起来的，并在此基础上建立了西方现代民主制度与理念。希腊人在数学、哲学、政治学等学科为人类铸就了自然科学和社会科学的基础，并付诸在人类的实践中，尤其是现代意义上的城邦政治文明成了欧洲文化的源头，并借助基督教会的组织和精神力量传遍欧洲，形成共识，而欧洲历史上统一的世俗帝国和基督教王国无处不在的宗教影响，成为构筑欧洲文明的主要部分。罗马人建立了重法度、重制度的强大帝国，法律规定贯穿于国家政治和社会中，基本涵盖了一切人类活动。罗马帝国重视教育，提升了人的素质，基本上人人能读写，奠定了感性与理性共存的古典文明。随着罗马帝国的解体，中世纪的欧洲四分五裂，但是基督教会一直在推动着欧洲的统一。自公元元年君士坦丁大帝将基督教定为罗马帝国的国教，基督教取得在欧洲的合法地位，开始了在欧洲的延伸和扩张，并成为欧洲的精神支柱。作为宗教，基督教与国家权力交织在一起，既做过奴役人民的国家工具，又支撑着弱者意志，唤醒他们反抗强权，甚至通过和解给欧洲带来和平。它宣称"上帝面前人人平等"，无论城乡，无论贫富，无论显贵平民，在欧洲都接受着基督教文化，这种文化的认同成为日后欧洲共同体建立的基础。哈贝马斯曾说过，欧洲百年的对立、冲突和竞争形成的文化，比其他文化撕裂得更加厉害。欧洲在痛定思痛中学会了承认分歧，缓和对立，达成妥协。可以说，欧洲人在欧洲的共同遭遇和命运，使其有了共同的意识，通过共同意识来制定政策和塑造环境，最终成为欧洲独特的政治标志。

二、公民社会的支撑

欧洲共同体的形成其实是欧洲单一的公民社会的形成过程。通过公民社会的发展历史可以发现，公民社会的启蒙、发展到成熟都在欧洲，影响着现代欧洲国家制度的建设，并且欧洲国家政治制度的基础与公民社会的发展是同步进行的。霍布斯主张人们之间相互约定，一致同意把自己的权利交给统治者，以社会契约论为切入点论证共同体。霍布斯看来，共同体的重要性就在于使人免于死亡和恐惧，以及保护私有财产；洛克担心政府一旦掌握无限权力就会对私有财产和自由构成威胁，要消除这种威胁，必须限制政府的权力，将政府转变成有限权力的秩序共同体，这就是三权分立的宪政思想；卢梭认为，最能代表人民意志的共同体是通过人民公意构建起来的，但是需要在共同体中解决自由和平等问题；康德认为，如果共同体中的每个人都能按照道德律令行事的话，那么共同体一定和谐；黑格尔在扬弃家庭和公民社会的基础上，提出构建一个能够满足个体特殊利益的共同体，但前提是要在此共同体中实现共同利益，这样才能兼顾特殊利益；马克思从公民社会的角度出发，对共同体做了详细研究，提出本原共同体。本原共同体是对公民社会的扬弃，在扬弃公民社会以后，共同体就进入到一个全新的共同体阶段，即自由人的联合体，真正的共同体便得以建立起来。① 在马克思看来，公民社会是构成国家和其他一切上层建筑的基础。在欧洲的思想家眼里，理想国家的基础就是公民社会，在此基础上建立的国家能充分地体现整体的国家功能。在这样的社会中，公民是构成社会、组成国家的最基本要素，并有参政议政的权利。政治共同体的建立是由公民个体利益与集体利益相结合组成的。公民和国家之间通过契约建立联系，这种契约关系是国家与社会的运行动力。

三、工业文明

欧洲的工业革命带来的工业文明改变了人与人之间的关系，赋予了共同体新的内涵。工业革命终结了欧洲传统的社会发展模式，从而使欧洲的社会结构也发生了巨大的变化，生产方式、人的交往关系也在工业革命中发生了巨变。人与人从工业革命前的身份交往逐渐变为经济交往，经济交往的建立就成为卢梭提出的契约关系产生的前提。欧洲原来的生产关系在新的经济交往中必然被颠覆，而身份的认同在生产关系变化中也逐渐形成。在当代资本主义形成的过程中，个体自然依存的传统共同体被社会化大生产和社会分工肢解，在社会化大生产的过程中，独立的个体摆脱了共同体的束缚，进而享受到充分的自由，在这个过程中，人们的社会情感、社会归属和认同都会发生变化。从传统共同体中走出来的人们在工业文明来临的时刻，越来越不需要国家边界，共同体这种社会经济组织方式也开始超越传统意义上的国家的界限。但这种变化也是有代价的，那就是很少人能在新生活中寻求到传统共同体所提供的保障以及身份的认同。欧洲的

---

① 马克思恩格斯选集（第1卷），人民出版社1995年版，第70页。

工业文明必须解决这个问题，失去传统意义上的被解放出来的个体，如何在工业社会当中重构身份认同。经过不断探索，欧洲通过工业主义和民族主义两条路径，对传统共同体进行重新建构。具体而言就是，通过强化民族认同和工厂的归宿凸显这两个载体的作用，来重新实现了人们在精神和物质上对自由身份的认同。与此同时，欧洲的基督教给予了社会最大的精神寄托，给欧洲因社会变化产生的矛盾以及冲突提供了缓冲。欧洲在工业化进程中充分注重到对社会的保障，给民众提供的社会福利也成为稳定社会生活的关键，宗教和社会保障成为工业文明以及重构共同体的双重保险，防止了欧洲社会因生产关系的变化而带来的社会撕裂，同时也平衡了自由主义理论下个体主义和自由主义意识形态的对冲。进而，传统共同体与个体的关系演变成现代民族国家与公民的关系，在这里最重要的就是，现代国家可以成功地满足公民对安全和自由的双重需求。

欧洲引领着人类进入现代社会，欧洲共同体的建立有着先天的"土壤"，从欧洲人的思想启蒙到文明建构，以及工业化过程中共同体的重新建构，这一过程都有着欧洲的传统和文化在催化和润滑。虽然后期的世界大战都在欧洲大陆爆发，延迟了欧洲文明的演化过程，但是到了20世纪中叶，欧洲人痛定思痛，在百废待兴的西欧率先尝试了共同体的建构，所幸的是欧洲的文化和传统并没有因两次世界战争而断续和破坏，共同体又一次在人类的进步当中显现出生命力，从最初的安全利益共同体发展成经济利益共同体，再到政治利益共同体，欧盟给共同体建构提供了理想的愿景和动力。

欧盟作为人类社会目前最高层次的共同体，它的发展并非一帆风顺。从最初的安全利益共同体到经济利益共同体，到最终成立政治利益共同体，这期间经历过冷战的安全威胁，作为美苏争霸的前沿，铁幕将欧洲一分为二（即华约和北约的军事对峙），这使欧洲上空的战争阴霾存在了近半个世纪；煤钢共同体建立后又经历了全球性的石油危机和发达国家的经济停滞，经济利益共同体面临的挑战并不比安全威胁小；冷战结束后，欧洲迎来了历史上少有的和平红利，但是苏联解体、东欧剧变后在欧洲留下的权力真空，让踌躇满志的欧盟没有做好填补权力真空的准备，而东南欧的民族问题激化，让美国有了填补权力真空的机会，欧洲又出现了"新欧洲"与"老欧洲"分化。新欧洲是刚刚加入欧洲的东欧国家，它们在排斥俄罗斯方面与美国的战略地缘政治利益趋同；老欧洲则是以法德为代表的西欧国家，它们在伊拉克战争、气候问题上与美国出现了分歧，欧盟的政治利益共同体在成立之初就受到美国这块"试金石"的考验。进入21世纪后，金融危机下爆发的欧债危机，让欧盟在面对负债高企的南欧五国时举棋不定，内部出现了决策上的分歧。其中最致命的是英国"脱欧"，欧盟面临的压力超过历史上任何一个时期。在难民潮的冲击下，面对外来文化，建立在安全、经济和文化利益共同体上的欧盟，能否接受外来的难民，融合外来的文化，对目前的它来说是巨大的挑战。

第三节 经济利益共同体分析

经济利益共同体是利益共同体中最容易形成的，通常也是其他利益共同体形成的基础。自从国家出现后，国家间首先进行的是贸易交往，而贸易的互利性就会给经济利益共同体的产生提供前提条件。在国际政治领域中的经济利益共同体是经济领域当中地区一体化的结果，或者说，地区经济一体化最终形成经济利益共同体。经济利益共同体需要各个成员国家之间发挥各自的比较优势，通过协商逐步取消经济要素人为的流通限制，逐步达成优惠的贸易安排、关税同盟、共同市场，以及自由贸易区等协议，最终使共同体内生产成本降低，劳动生产率提高，形成一体化的竞争优势。另外，从区域经济一体化的内部来讲，建立经济利益共同体需要共同体内成员具有较高的经济开放度,国内经济与国际经济的融合度高,共同体内部的主要经济体还需要具有在开放条件下的对外经济联系的能力,从而形成共同体内的经济运行与发展的内聚动力。

在全球化时代下,经济利益共同体已经得到迅速发展,尤其是地区间的经济合作成为国际经济最重要的特点之一,在当今世界,几乎所有的地区都制定了有关经贸的协议。按照世界银行的统计,截至2006年底,全球只有12个岛国和公国没有参与任何区域协议(RTA),174个国家和地区至少参加了一个,最多达到29个区域贸易协议,平均每个国家参与了5个。[①] 当前全球范围内日益加深的市场化趋向改革,使越来越多的国家认识到,只有选择与国际经济接轨,与国际规则接轨,才能提振本国经济,提高效率和国际竞争力。这就需要不断地通过国内的一系列经济体制、法律体系以及政治体制的改革,与国际体系中的制度接轨,为资本和生产要素的快速流动消除制度上的障碍,为实现区域经济一体化创造前提条件,最终形成经济利益共同体。目前,区域经济一体化的发展得益于以下几个因素。

一、世贸组织的局限性促进区域经济一体化和经济共同体的发展

经济全球化能够取得今天的成就,受益于最早建立的关贸总协定,在关贸总协定的促进下,各个国家降低了贸易门槛,为资本和生产要素的自由流动创造了前提条件。随着全球化的发展,关贸总协定升级为世界贸易组织,世贸组织在继承关贸总协定的基础上,更为详细和深入地要求成员消除相关妨碍流动的制度,甚至有的制度已超越了时代,这就很难使国家之间达成一致。虽然世贸组织是推动贸易自由化的最主要力量,但这种多

---

① 蒋玲嫒、朱彤:《区域经济一体化与世界多极化》,《求是》2006年第14期。

边贸易体制逐渐显露出其局限性，2001年11月的多哈贸易谈判到目前为止仍然举步维艰，前景更是在拖沓和相互推诿当中变得渺茫。世贸组织在制度上对成员要求一揽子接受的方式虽然目的性很强，但是并没有关注到各个成员的实际情况。由于区域之间的发展水平不同，加之成员间的制度参差不齐，短时间内让所有成员达成共识基本不可能，成员间的矛盾也不会在短时间内消弭。所以，世贸组织的刚性原则和理想目标很难在一致同意的基础上取得成功。各国间贸易发展的日新月异与多边贸易谈判的冗长复杂之间存在矛盾，也就是说，各个成员之间对贸易自由化的迫切要求已经不愿受限于世贸组织拖沓的谈判进程，因此各个成员借鉴世贸组织的框架另起炉灶，进而促成区域经济一体化的发展。在区域内，成员间因为地缘政治的影响，经济发展水平相近，社会政治制度相似，并且有共同的历史文化背景，一些在世贸组织谈判中的障碍在区域内并不存在，这就为区域经济一体化扫除了诸多困难，提供了进一步合作的空间。

二、区域经济一体化形成利益共同体

区域经济一体化给国家之间提供了展开对话的平台。国际政治理论界对区域经济一体化存在着争论，一种看法认为，区域经济一体化的发展会导致世界经济分裂为几个相对独立的集团，例如欧盟、东盟、北美、美洲等，在区域层面的制度建设中会存在排外的保护主义色彩。另一种观点认为，区域经济一体化可以为全球范围内的经济一体化打下基础，而且实践证明，区域经济的发展已经让区域内国家或多或少地团结起来，通过"一个声音"让世界听到，并且已经取得不错的成绩。作为一个整体，欧盟2007年的经济总量已经超过美国，同时欧盟在发展过程中不断在经济领域与美国产生摩擦，促使美国主导建设北美自贸区，并与其他国家签署自贸协定。同时，美国也认识到欧盟这个强大的"对手"，英国脱欧的背后就能发现站在英国背后那个坚定的盟友。

　　在经济共同体上发展起来的欧盟，同样在安全方面有着自己的诉求，并不断地质疑北约的政策，甚至想把防御权力从北约（美国）手中接过来，其他区域经济组织的建立也都有着类似动因和构想。日本极力推进亚太地区的共同体，巩固和扩大"大东亚经济圈"，借此抗衡中国的崛起，不惜拉上新西兰和印度等不同文化背景的"盟友"，这样的想法其实脱离了共同体的本意，也不可能形成利益共同体。但是，通过组成区域一体化来扩大自身在国际上的话语权，增强自身利益，这样一种现实诉求不断地在国际政治舞台上整合着国家间的关系。

三、通过经济共同体的建设来推动国内的体制改革

　　由经济利益促成的共同体的"门槛"限制高，典型特征就是"谁参与，谁受惠"。这种制度设计，一方面保护内部成员的利益不受到共同体以外的侵蚀，共同体内关税水平的降低以及贸易壁垒的减少，就会导致共同体对非成员的关税和贸易壁垒相对增加，这就促使共同体内外有别；另一方面，非成员若想加入该共同体，就必须让渡权力，开放市场。一些发展中国家，特别是处于转轨期的国家，为了实现经济快速发展，往往将区域贸易协议作为一种外力，期望通过承担外部的责任和履行承诺来促进国内改革。20世纪90年代，东欧国家与欧盟就区域贸易协议接触后发现，东欧与欧盟之间的经济水平、制度建设方面存在的是"代际"差距，东欧国家若想达到欧盟的要求，不仅需要国内自上而下的改革，而且缩小两者差距将经历漫长的时间，因此东欧国家在认识到计划经济体制留下的桎梏是制约经济发展的最大障碍后，采取了"先上车后买票"的特殊方式，通过与欧盟签署贸易协定来促进国家的转型，以此加速向市场经济的转化过程。

可见，区域经济一体化的发展有一定的时代性和客观性，并且区域经济一体化还随着时代的进步而不断演化，从最初的传统贸易自由化和关税壁垒的减让，演进到投资服务、农产品等贸易自由化，贸易争端方面的解决机制和竞争政策以及知识产权保护标准都已上升到一个新的层面，一些标准早已超越世贸组织协定的内容。区域经济一体化在整合协定和规则演变的同时，区域间自由贸易协定的质量也随之水涨船高。由此可见，由区域经济一体化演进而来的经济利益共同体，是大势所趋，符合世界经济一体化和国际政治多极化的要求。对于政治多极化的观点，美国的不少学者并不赞同。按照传统现实主义的观点，美国与其他国家的差距并没有缩小，而是在扩大，美国具有无与伦比的军事实力，军费开支是排在美国之后的15个至20个国家军费开支的总和，美国的经济体量也大于排在第二和第三的中日两国之和。以这样的状况来解释政治多极化过于牵强，但是经济利益共同体的出现，将改变权力政治在国家间的关系。

目前的国际经济体制是在20世纪中后期形成的，是当时作为发达经济体的美欧依照自身制度和偏好设计的。当时的发展中国家还在为民族的独立和国家的成立而奋斗，基本无暇参与到国际制度的建设上来，欧美发达国家利用国际经济制度设计上的优势，进一步拉大了与广大发展中国家的差距。但是由于全球化的快速发展，这些差距逐渐在缩小，并不断地改变国际经济的格局。欧洲通过成立经济共同体取得任何一个欧洲国家都无法取得的能与美国讨价还价的地位，而发展中国家特别是新兴工业化国家在全球产业链中的分量不断加大，也相继成立了经济利益共同体，例如东盟、金砖国家和美洲自贸区等。它们在制度建设上加快了进程，通过成立合作的金融机构以及投资银行来缩小区域成员间的发展差距，并逐渐成为世界经济格局当中的"一极"。这种"抱团"意识在经济危机时代得以加强，因为谁都知道经济利益共同体的抗风险能力要比单体国家强得多，尤其是在后经济危机时代，保护主义抬头，没有加入利益共同体的单个行为体很难在这样的局面里谋取自身的经济利益和经济安全。因此在后危机时代,"抱团"意识不断被强化,促使着国际经济格局向多极化演变,而国际经济格局的多极化,必然会带来国际政治的多极化。

可见,经济利益共同体的发展契合了全球化发展的要求,从某种意义上说,以区域经济一体化为代表的经济利益共同体的建立,推动着国际经济与政治朝着更为平等的方向发展,推动国际秩序朝着更合理的方向发展,推动着国际关系的民主化进程。

第四节 文化利益共同体分析

关于文化利益共同体,准确的说法应该是文化共同体,因为基于文化利益结成的共同体有一定的外力在作用,而文化共同体则需要自觉促成。历史上由外力作用结成的文化利益共同体一般是一种封闭或者半封闭的形式,而且是主观上不接受外界文化交流的共同体,有意识形态共同体的色彩。对于意识形态共同体来说,文化就失去了任何意义,共同体只是用来保护意识形态不受外来文化的影响,没有交流的文化,或者说是排斥外来文化的文化,在全球化时代会失去文化的光芒,甚至走向灭亡。其实,文化共同体在利益共同体中属于一种催化剂,而不应是共同体成立的原动力,共同体不管是出于安全利益需要还是经济利益需要成立的,都存在着相互学习的过程,而在相互接触和学习的过程中,行为体之间就形成文化交流。在共同体内的文化交流是没有障碍的,是平等的,缺失文化方面的因素,共同体就没有了"感情",归属感就会消失。进一步说,文化是共同体之间最终的认同,相对于政治、经济、安全等因素,文化更能为共同体提供凝集力和精神动力。

在一个国家的综合国力中,文化是最积极、最活跃的要素。它能协调整合一个国家客观存在的政治、经济、科技和军事等潜力并"激活",使其产生超出"溢出"的影响力和控制力。虽然文化被视为一种"间接权力",但是正确使用文化的溢出效应,就会产生"杠杆化"效果。在国际政治的实践中,文化可以直接对硬权力进行"柔化",让因为硬实力或者分歧产生的隔阂消失,甚至会将无法被接受的硬实力易于被接受,形成约瑟夫·奈提出的"间接权力增殖论"。20世纪60年代初,英国被挡在欧洲一体化进程之外,无法参加欧共体的建设,虽然1961年英国就提出参与欧洲经济一体化建设的申请,却遭到时任法国总统戴高乐的拒绝。英国的一份报告就直接指出,英国没有参与欧洲经济一体化建设的主要原因是,英国没有重视与欧洲人民的关系。之后,英国在西欧相继成立了艺术、科学、语言等机构,针对性地与法国开展文化交流活动,并成立"希斯—蓬皮杜基金"来为两国交流提供资金支持。英国的努力没有白费,它不仅被接纳为欧洲共同体的一员,而且在欧洲共同体的制度建设上发挥了重要的作用。因此,文化在参与外交领域中扮演着"四两拨千斤"的角色,发挥着不可估量的作用。同样,在利益共同体的范畴下,文化共同体起着消除成员之间发展差距,促进成员之间凝聚的作用。不管是在欧盟还是东盟的建设当中,文化共同体都发挥着重要的润滑作用。2004年,第十次东盟首脑会议上通过了《东盟社会——文化共同体行为计划》,该计划旨在采取一致的行动来达到共同发展,通过东盟历史上固有的联系以及共同的文化遗产来增强共同体意识,通过相互交往达到共同体的地区认同,在东盟形成紧密的文化共同体。

从共同体演进的过程可以看出,虽然文化共同体的形成要慢于经济、政治甚至安全共同体,但是它的形成却促进着其他共同体的完善。文化共同体拥有平等性、相互性、长期性的特征。

第一,平等性。在共同体内,成员的身份是平等的,交往是自由的,文化的沟通也是无障碍的。在文化共同体下,成员之间都在相互尊重彼此文化和文明的前提下，进行平等的对话和合作。例如，在东盟社会——文化共同体的建设中，东盟认为东盟地区发展不平衡，并且东盟存在着多种宗教、多元文化等问题，要建立文化共同体绝非易事，唯有选择多元一体化推行道路才能形成文化共同体。多元一体化政策具体来说，就是在东盟这个共同体下，不强求宗教、文化等方面的统一，充分尊重各个国家的多元宗教、文化和政治制度，通过一系列的对话和交流，塑造地区认同和东盟意识。这一政策落实在东盟的各种共同体行动中，只有通过增强各国人民之间、各个民族之间的交往，才能促进成员国对各自政治制度和历史文化的理解和欣赏。其实，从共同体的发展过程可以发现，文化相近和趋同的地区易于形成共同体，也就是说文化的地缘差距小，共同体形成的概率就大，平等地进行文化间交流就越容易。欧盟和东盟都具有趋同的文化背景，在共同体下虽然有个体的宗教和政治文化的差异，但成员间彼此平等合作交流，让多元在一体化下成为凝聚共同体的力量。一般来说，共同体内都有相对强势的文化，例如欧盟中的法德，以及东盟中的印尼和北美自贸区中的美国，但是强势的文化在共同体下并没有表现出强势传播，更多地是以一种平等的状态参与到共同体的建设当中。

　　第二，相互性。文化共同体下的交流是互动的过程，是双向度或者多向度的交往，单向度的文化就会形成文化霸权和文化殖民。在共同体内，文化交往的相互性一方面体现在成员间都愿意通过主动参与、互相协作来达到成员间期望的相互了解和信任。这方面通常是通过双方的政府来推动，并在政府资助下进行教育文化交流活动。另一方面，文化交流不仅是将自己的文化输出给对方，同样也是学习对方文化的过程，在互动的取长补短中缩小身份差距，最终达到身份的认同。当今世界，文化冲突不断，文明冲突论一次次地变为现实，其根源在于文化的单向度传播，因为排除异己的文化构建放大了文化的差异。利用差异来区分他者，用差异来确定身份的共同体是封闭的共同体，是与全球化时代相脱节的。人类历史上存在过通过差异确定身份的文化共同体，更为准确地说是意识形态共同体，这样的共同体发展到最后带来的只有战争和灾难。在全球化时代，文化的多样性被尊重，文化在不断的交流中得到发展。文明冲突之所以会出现，就是因为文化没有通过相互交流来促进发展，而是逐渐成为封闭的、排斥的组织，最终演进为战争的导火索。

第三，长期性。文化的交流向来是一个长期的过程，起到的是水滴石穿的作用，仅靠一两次的交流是达不到共同认同的效果的。文化共同体下的文化交往的目的，就是通过推动成员之间，以及成员国的人民之间建立长期信任，以维护国家长远利益。也就是说，文化交往的长期性需要着眼于国家的长远利益，而不是眼前的利益，更不能采用公共外交实践中的电视、电台广播以及宣传片等手段进行交流，以实现长远的外交目标。文化交往不仅需要长远稳定的物质支持，还需要通过国际协议或者制度来确保共同体下文化交往的可持续性。

需要看到的是，文化共同体都是在全球化时代背景下建立起来的，在这样一个背景下，各种文化交流的速度加快，各种思潮激烈碰撞，在文化加速交流的过程中，一些不适应时代的因素、不合理的因子，会在文化碰撞的过程中或被先进文化替代，或消失；同时，各种文化又从文化的冲击过程中吸收对自己有利的因素，并变成自身文化的一部分。在文化共同体中的文化交流会显露出文化之间的差距，但共同体下的交流是建立在平等基础上的，各个成员通过文化之间的接触，很容易意识到自身文化的局限性，进而更容易通过广泛交流建立起取长补短的交流机制，由此加速共同体文化发展的大格局。通过文化相互影响，国家之间相互依存度就会提高，而在全球化背景下，国家相互间依存度的提升会让国际权力发生深刻的转型，因为经济的全球化和政治的多极化促使国家权力资源转换出现困境，突出表现在政治、经济以及军事资源间转换成本较以往大大提高。因为各个国家不得不面临着从传统成本高的硬权力向风险低效能高的软权力转移的局面，在这样一种权力转移过程中，文化共同体的作用凸显，它不仅在提高共同体的凝聚力和身份认同上发挥着重要的作用，还在人类的文化以及价值观念等方面都有着促进作用，并通过相互间的交往，增强本国的民族自豪感和文化吸引力。

在文化共同体范畴下，人们开始超越自身的民族与国家，从共同体协调发展中来思考和认识共同体内各自成员的文化，从而形成普遍的共同体意识甚至是全球意识。也就是说，建立文化共同体的主体是民族国家，国家间的依存关系是共同体的动力，相互尊重和理解是路径，唯有此才能形成共同体的共识，才能形成共同体的文化。

第五节 安全利益共同体分析

安全利益共同体是为了应对外部的威胁和压力而组成的安全共同体。需要强调的是，从出现共同体时，就有对安全因素的考虑，因此每个共同体都是从安全角度出发建立的，但这里的安全表述的是传统安全和非传统安全两个方面。历史上出现的军事同盟，都是基于传统安全考虑而建立的安全共同体，进入21世纪后，人类面临的非传统安全威胁增多，在全球治理的过程中，应对非传统安全的共同体协议频频出现在双边和多边的国家关系中。

基于传统安全考虑的安全利益共同体概念是美苏争霸的序幕刚刚在欧洲拉开时提出的，冷战的阴霾让刚刚经历世界大战的人们对安全的诉求增大。1957年，卡尔·多伊奇在《政治共同体与北大西洋地区》一文中，将安全共同体描述为共同体内的成员相信彼此之间不会付诸武力，面对争端问题时会通过非军事的方式解决。在多伊奇看来，安全共同体是由主权国家组成的，它们之间拥有共同的制度和价值观，并在交往过程中相互间形成对和平的可依赖的预期。在 20 世纪 50 年代的国际关系理论中，安全困境的提出成为安全利益共同体建立的前提假设。安全困境是指当一个国家为了自身的安全而不断采取措施增加安全感时，这样的行为在其他国家看来直接威胁到自身的安全，因而采取同样的行动来确保自身安全，这种行为就产生了连锁反应，造成螺旋效应，这时安全困境便出现了。

第一，在国际体系中，国家行为体之间是平行关系，没有权利凌驾在这种平行的关系之上，也就是说国际体系处于一种无政府状态，主权国家之上没有权力，政府之上无政府。虽然当时联合国已经成立，但是它的作用更多是提供一种协调的机制。安全是国家最关注的中心问题，只有这个问题得到解决后，国家才能放心地追求其他目标。

第二，在国际体系中，如果国家行为体把保证自身安全视为"第一要务"，国家行为体之间就无法建立信任，在这样一种不信任的状态下，没有国家相信发展军力的他国不会侵略自己，并且无政府的状态使国家行为体认为，当生存受到威胁时，不会有谁来拯救自己。国家彼此间都把对方看成潜在的威胁，因此国家的安全除了强大自己以外，就只能去寻求一种安全的共同体来维系，也就是联盟。

第三，在国际体系中，国家彼此的意图无法掌握，没有机构能够提供"安全"这一稀缺的公共物品，更没有机制去束缚潜在入侵者的意图以及惩罚入侵者，国家能做的只能是保证自身安全。这种安全保障的唯一性必然降低其他国家的安全性，且不论这种措施是否具有侵略性。从整体国际体系上来看，各个国家增加安全措施的行为一方面会导致军备竞赛，另一方面又为联盟体制（安全共同体）创造了条件。

综上，国家安全也就成为国家组成的安全共同体的唯一的安全目标，在安全共同体内，安全问题由国家层面上升为共同体层面，在安全共同体内部不存在零和博弈的安全困境，安全的基础是国家间的政治关系，如表 4—1 所示：

表4—1 共同体内的国家关系

	安全困境规则	安全共同体规则
文化：真实陈述	安全的基础是军事力量	安全的基础是政治关系
规范：规范权利陈述	使用暴力是必要及可以接受	使用暴力是不可以接受的
认同：真实陈述	我们是敌人	我们是盟友

资料来源：Brian Frederking, Resolving Security Dilemma: A Constructivist Explanation of the INF Treaty, p. 149。

由此可见，安全共同体内的核心要素不再是安全，而是认同。这种共同体内部的认同来源于三个方面：其一，安全共同体外存在的安全困境使得共同体内的共同命运感增强，外在压力促使共同认同生成；其二，安全共同体内的成员之间通过一系列的交往和合作达到身份认同和彼此没有敌意的状态，使成员间关系友善、价值观趋同；其三，共同体一旦形成，必然有机制的约定，并且长期、稳定的合作和行动又萌发出新的机制来保障共同行动。这三个方面是因果关系，即在外部的压力下形成共同认知，通过身份认同来达成合作的机制，最终采取共同行动，稳定的机制和长期的共同行动必定强化成员之间的互动，同时在良性互动中增强观念上的一致，而观念上的一致能更进一步促进共同认知。

在安全共同体建立的初始时期，共同体内的国家政策协调和国家合作以现实的需要和物质利益为出发点。由于安全共同体内部不存在安全问题，成员国可以将精力从军事转向科技和经济，经济发展的差异化就给成员提供了互动机会，经济上的合作又促进了彼此之间的共同利益。这是一种优化的螺旋效应，经济上的共同体利益增多会降低甚至消除共同体内的安全困境，促使共同体内国家不用担心安全，进而增进合作。20世纪60年代，东南亚联盟组织成立的动机是苏联利用美国陷入越南战争的时机向东南亚扩张。印尼是东南亚人口最多的国家，它在美苏争霸时期出现了政治动荡，严重威胁到东南亚地区的安全和稳定，同时也是为了以组织的形式来抵御共产主义的威胁。东南亚联盟成立后，东南亚国家通过各种条约和制度来加强彼此间的联系和交流，尤其是通过不断消除贸易壁垒来促进经济联系，在此基础上扩大相互之间的利益，这为以后东南亚的集体崛起打下了基础。东盟通过成立安全共同体不仅改善了它们的外部环境，也改变了成员之间的经济环境，关键是通过联合增强了东盟在国际社会上的话语权，争取了更大的外部市场。

安全共同体建立后，由于国家间的安全困境消失，互动和相互依赖的程度随之加深，共同体内的物质交换和观念交流日益增多。作为行为体，国家在共同体内的互动过程中，集体认同也不断增多，这就改变了共同体内的结构。在共同体内部，虽然权力依然是重要的因素，强大的国家可以依靠权力使其他成员依附于权力周围，比如华约中的苏联和北约中的美国，就是通过强权来使共同体内其他成员"就范"，进而建构起成员国之间的共同感。但需要看到的是，一旦安全共同体建立，国际制度能够直接或间接地推动成员间的信任和认同，通过建立一致行动规范来增强成员间的信任，并通过不断的交流使成员国之间利益趋同，进而重新定义各自身份，达成谅解，形成互惠预期。共同体内自我约束的规范不仅会形成地区文化，还会使文化发生同质性变化。在实践中，地区主义的出现促使民主和人权在世界范围内得到认同，因此共同体通过文化的交流形成共同命运感。

安全共同体内信任度增加的同时，认知度也会不断提高，国家间便促成了集体认同感，也塑造出对威胁的共同感知，因此对和平的可靠预期就变成必要条件。最终，国家间的信任可以通过在互动中的信念认知来获取，并且这种信任因身份的一致而不会被打破，更不需要依靠具体的国际组织的介入而获得认同。1965年，当戴高乐执政的法国宣布退出北约并独立保持核打击力量时，北约成员尤其是与法国有"世仇"的西德并没有因此恐慌，因为在安全共同体内，北约成员国之间建立的信任，以及身份认同感的增强和价值观的趋同，使它们不会把法国的举动视为威胁。但是当朝鲜、伊朗要发展核武器时，同样是北约成员的国家却不能接受这种威胁，因为在它们看来，朝鲜和伊朗的身份不同，没有信任感，关键是这两个国家被北约成员中的"老大"——美国贴上了"敌人"和"无赖国家"的标签。由于认可美国的价值观，并且认同美国的观点，北约各成员国认为朝鲜和伊朗发展核武器威胁到它们的安全。由此可见，国家间建立的互信和达成的认同，不仅会成为国家间对和平的预期，而且会使国家间不再通过军事行动来消除安全困境。安全共同体的重要作用就在于此。

无疑，北约是最成功的安全利益共同体，它的建立使成员间的安全困境消失，促进了彼此间的合作，为日后欧洲共同体的建立打下了信任的基础。可以说，没有北约这样一个安全共同体的铺垫，就没有煤钢共同体，也就不会有欧共体和欧盟。北约虽然是一个军事联盟，是为应对冷战而成立的共同体，而且最终随着华约的解体，作为胜利者的北约存在的合法性受到质疑，但是北约的意义历史在于建立了国家间的信任，"我们"的观念提升了欧洲的整体话语权，更为重要的是，北约的示范效应巨大，从北约到西方社会，再扩展到西方以外的区域，这种以安全为目标的共同体的建立，从最初只为单纯解决军事安全，扩大到政治安全，扩展到经济贸易，最终达到整个国际社会的和平。进入21世纪后，"人类的共同体意识正在非传统安全努力中空前觉醒"。[①] 人类的安全威胁在改变，不仅受到传统安全的威胁，非传统威胁因素也在增加，而安全共同体也随着安全概念的变化和外延的拓展，发生着从内涵到性质再到功能的改变，对安全共同体的探讨也逐步从传统安全向非传统安

---

① 朱锋：《非传统安全呼唤人类共同体意识》，《瞭望》2006年第4期。

全过渡。国家安全作为国家组成安全共同体的唯一目标，被非传统安全打破，解决非传统安全问题不可能再用解决传统安全的手段和方式，非传统安全需要人类在共同体问题上进一步更新与突破。非传统安全共同体的建构方式和解决之道不仅需要更多的共同体意识，更需要人类的智慧。

综上所述，本章通过对利益共同体的定义，以及对现存和历史上的国际行为体中有共同体成分的国际组织的梳理，将利益共同体分为政治利益共同体和经济利益共同体、文化利益共同体、安全利益共同体。针对这4种利益共同体的分析可以看出，利益共同体虽然有种类上的区分，但是在实践中，尤其是在全球化深入发展的现阶段，基于不同利益建立的共同体都趋向发展成一个复合型的利益共同体，不能简单地将欧盟或者东盟定义为经济利益共同体或政治利益共同体。随着交流的日益广泛性，共同体的利益越来越重叠，最终变成复合的利益共同体，国家之间的关系随之变成全方位的合作伙伴关系，这种复合利益关系不仅对冲掉一些负面的因素，而且成为国家间稳定关系的"压舱石"。

第五章
全球化与利益共同体

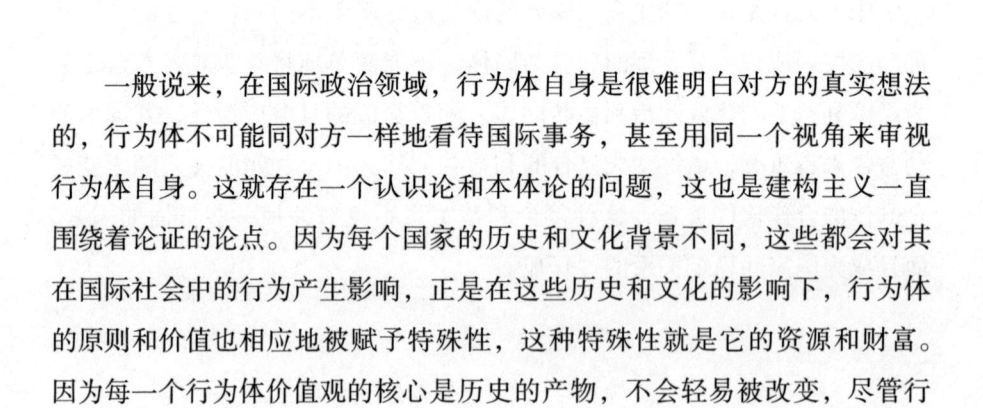

　　一般说来，在国际政治领域，行为体自身是很难明白对方的真实想法的，行为体不可能同对方一样地看待国际事务，甚至用同一个视角来审视行为体自身。这就存在一个认识论和本体论的问题，这也是建构主义一直围绕着论证的论点。因为每个国家的历史和文化背景不同，这些都会对其在国际社会中的行为产生影响，正是在这些历史和文化的影响下，行为体的原则和价值也相应地被赋予特殊性，这种特殊性就是它的资源和财富。因为每一个行为体价值观的核心是历史的产物，不会轻易被改变，尽管行为体在国际社会中的表现方式因时而异，但是总也不会脱离它的文化价值观。

　　在国际事务中，许多国家都在追寻和平发展的目标，但由于各国具有不同的文化价值观，同样是追求和平发展的目标，各国针对此问题的理解却不尽相同，外交方式的侧重也各不相同，因此采取的途径更不一样。中国在崛起的过程中，一直秉持着和平、发展与合作的对外目标，这是中国内在文化的价值观的外化。中国外交理念中的文化价值与外界的吻合过程是双向的，一方面是在交往过程中不断地学习其他国家和国际社会的共识，另一方面也让其他国家和国际社会接受中国的思想和文化，这是一个互动的过程。利益共同体也是在这样一个互动的过程中得到确认的，并在交往过程中不断被认可和强化。

第一节　全球化时代下的利益共同体分析

利益共同体一词是由中央党校前常务副校长、改革开放论坛理事长郑必坚首次用于国际政治领域中的。2004年，他提出中国在和平崛起进程中，需要全方位地同周边国家和地区，同一切相关国家和地区，逐步构建"利益汇合点"，构建"利益共同体"。按照郑必坚校长的思路，中国应该逐步地、循序渐进地、由点及面地不断扩大利益汇合点，进而他指出，中国在和平崛起进程中，一定要做到，也一定能够做到，同相关各方形成轻易拆解不开的、多方面的和不同领域、不同层次的利益共同体。[①] 与世界各国建立广泛的利益共同体是中国和平发展的最终目标。

利益共同体是中国对全球治理的一大贡献。2010年10月4日，在比利时布鲁塞尔召开的第八届亚欧首脑会议上，时任中国国务院总理温家宝在开幕式致辞中指出，亚欧合作站在了一个新的历史起点上，面临着新的发展机遇。亚洲是全球经济增长最快和市场潜力巨大的地区，欧盟是全球最成熟和最大的经济体。随着澳大利亚、新西兰和俄罗斯加入亚欧会议，亚欧会议真正地成为一个紧密相连的利益共同体。这是利益共同体第一次在中国领导人讲话中出现。2015年10月，中共中央政治局进行的第27次围绕着全球治理格局和全球治理体制的集体学习中，习近平总书记强调，现在世界上的事情越来越需要各国共同商量着办，建立国际机制、遵守国

---

① 郑必坚：《全方位构建国际"利益汇合点"和"利益共同体"的几点思考》，《毛泽东邓小平理论研究》2011年第3期。

际规则、追求国际正义成为多数国家的共识。经济全球化深入发展，把世界各国利益和命运更加紧密地联系在一起，形成"你中有我、我中有你"的利益共同体。目前很多问题演变成全球问题，而全球问题不可能局限于一个国家能够解决，全球问题的很多挑战甚至是根源不是一朝一夕产生的，全球问题的复杂性和复合性也不再是倾一国之力就能应对的，全球问题带来的挑战需要各国协力应对。

利益共同体成为中国领导人在国际场合多次提到的战略构想，这一战略构想囊括了中美、中欧、中俄，以及中非、中拉，尤其是中国与亚洲其他国家等。中国不断强调建立利益共同体战略考量的初衷，就是要在全球化的大背景下，将中国人民的利益同各国人民的共同利益不断地结合起来，在结合的基础上拓展利益的汇合点，通过不断交往扩大汇合的共同利益，在操作层面不断拓展共同利益，最终建立领域不同、层次不同、内涵不同的利益共同体，实现同周边国家以及广大发展中国家的共同发展，进而在此基础上实现中国的和平发展。利益共同体的建立需要从我国基本国情出发，实事求是地认识到我国发展中国家的准确定位，坚持权利和义务相平衡，在不断发展的过程中看到中国对世界的诉求，并且还要照顾到国际社会对中国的相关期待。

一个国家对外政策制定的出发点，就是要维护、实现和拓展这个国家的国家利益。因此，评估一项对外政策成功与否，就要看这项政策是否能够维护、实现以及拓展国家利益，这应该是评估该项政策效果的标准。中国融入世界的过程，是自身发展最快的一个历史时期，这一时期内制定的国家政策不仅维护和实现了中国国家利益，而且最大化地拓展了中国的国家利益。2011年9月，中国政府发布《中国和平发展白皮书》，详细地阐释了中国的外交政策，"和平发展道路归结起来就是：既通过维护世界和平发展自己，又通过自身发展维护世界和平；在强调依靠自身力量和改革创新实现发展的同时，坚持对外开放，学习借鉴别国长处；顺应经济全球化发展潮流，寻求与各国互利共赢和共同发展；同国际社会一道努力，推动建设持久和平、共同繁荣的和谐世界。这条道路最鲜明的特征是科学发展、自主发展、开放发展、和平发展、合作发展、共同发展"。[1] 在中国快速崛起的过程中，中国的国家利益和国际利益高度重合，两者利益之间的关系愈加密切。国家利益和国际利益的密切过程是一个历史过程，从国家发展的过程可以看出，一个国家越是发展到一定程度，国家利益与国际利益的重合度就越高，也就是说，发达经济体的国家利益与国际利益的重合度要高于发展中国家国家利益与国际利益的重合度，这是一个正相关的关系。

一、国际利益与国家利益

在当今全球化势不可挡的态势下，国际利益与国家利益必定是共同发挥作用，只是国家在发展的过程中有一个选择，即是以国际利益为重，还是以国家利益为先。在20世纪80年代后期，随着经济全球化的慢慢展开，尤其是冷战的结束，战争的阴霾被驱散，全球化的发展被注入一针"兴奋剂"，全球化在这一时期呈现"野蛮生长"的态势。各国在国际贸易和国际金融领域的合作范围和强度都超过了以往，跨国公司作为全球化的载体，迅速将产品输入到世界的各个角落，使每一个国家都成为全球化链条上的一环，它们不是全球化产品的原料来源地，就是产品的加工国，国际人才在这次全球化中不断来往于世界各大城市，国际金融市场也实现了真正意义上的全天候服务。国界在这一时期不断地被弱化，同样，国家利益在这一时期也受到国际利益的冲击。各个国家在全球化大潮的激荡下，不可能闭关锁国就获得发展，都会自觉不自觉地开放。在这样的一种态势

---

[1] 中华人民共和国国务院新闻办公室：《中国和平发展白皮书》2011年第9期，http://www.gov.cn/jrzg/2011-09/06/content_1941204.htm，2017年1月8日访问。

下，国际行为体的互动频率超越了历史上任何一个时期，这种强烈的互动使国家间的利益不断地相互渗透，依存程度不断地加深，国家间的关系趋向缓和，对抗因素降低，合作成为全球化背景下的最优选择。这一时期倡导国际合作的国家都获得快速发展；相反，对全球化排斥的国家或者有对抗情绪的国家，在这一时期的发展速度要远远低于开放国家。各国已经充分认识到，只有融入国际社会，发展才能有保证。

国内问题国际化、国际问题国内化的现实使国家利益的实现必须考虑到国际利益的设置，国际利益的获得也要考虑到国内利益的承受度。从实践的过程来看，各个国家在这一时期的国际利益设置是否利于全球化的发展，是否有利于促进自由国际贸易的深入，将直接影响国家利益。国家的开放程度制约着各国的合作交流，甚至影响国家间冲突的解决，更重要的是影响到国家在国际体系中的身份，其身份一旦被定位为"异类"，国家就有可能被边缘化。在这样一个现实情况下，是否融入国际社会，融入国际社会的程度如何，则成为全球化下各个国家维护自身国家利益的重点考量方向。

二、共同利益的意识

全球化在野蛮生长的过程中表现出的两面性在带来快速发展的同时，也衍生出全球性的问题。解决全球性的问题，需要有共同利益的意识。国家利益在全球化时代有新的界定，内容不断被充实。一个国家在融入世界的过程中必然会受到国际社会规范的引导，这种规范有时甚至是压力。其实无论是规范引导，还是压力推进，都是在接受新的价值观念，以此来顺应时代发展的需要。接受国际制度安排，可以让各个国家在存在很大不确定性的国际事务中寻求到基本的共识，保证共同的利益，以此来展示自身的可信度，并通过这个过程来增加国际事务的确定性。

全球化促使人类进步的成就有目共睹，但产生的全球问题更不容忽视，尤其是全球化没有惠及的地区，其变成许多全球问题的温床，这些地区由于与全球化隔绝而处于封闭或者半封闭的状态，成为宗教极端组织的目标，这些地区是全球治理过程中被忽略的角落，同时也是造成目前难民问题、恐怖主义问题的根源，解决这些全球问题不能一蹴而就，仅通过几场反恐战争只能治标，并不能治本，但更不能不管不顾，任其肆意发展。这些全球问题直接影响着人类的共同利益，全球问题起因复杂、影响面广、破坏性大，有些还植根于观念当中，治理起来更为复杂，不能用传统的方式方法，需要具有全球意识。

从全球意识的高度来解决全球问题，就是不能简单地将某一种价值观当成解决全球问题的宗旨，更不能把某一个国家的利益需求建立在解决全球问题的基础之上，需要从全人类共同利益的价值取向提炼出解决全球问题的治理方案，将人类共同利益作为解决全球问题的最高标准。全球意识认为，当个人利益、群体利益与人类共同利益发生矛盾时，个人利益、群体利益要服从于人类共同利益。[①] 因此，全球化时代下的全球意识，说到底就是倡导一种全球治理的伦理，在全球治理不断深化的今天，国家利益至上的传统观念已经不合时宜。全球问题在很大程度上都涉及全人类的共同利益，中国自从进入国际体系，就不断地以全球意识作为融入世界过程的前提，不断地以全人类的共同利益作为国家利益实现的前提，在全球治理的过程中积极地投入资源，在维和、反核扩散、反恐和环保等方面不断地加大投入，并且受到国际社会的肯定。在全球化不断深入的今天，中国已经意识到，解决这些全球问题，与中国的国家利益息息相关，在全球问题上，中国无法回避，更不能独善其身，只有与各国一起面对和解决当前的全球问题，才能保证国家利益，虽然这个过程存在一定的周期，但是从

---

① 蔡拓、唐静：《全球化时代国家利益的定位与维护》，《南开学报》2001年第5期。

长远来看，这种投入具有战略意义。

三、国际制度的保证

国际制度是共同利益的保证。虽然国际制度有助于规范各行为体，约束行为体做出趋同的行为，但并不是要求各个行为体保持无差别的同一性。国际制度只是在行动原则上有相应约束，在实践操作上都要根据各个行为体的条件和特性而定。国际制度的安排形式可能多种多样，但它是国际利益和国家利益因素共同作用的结果。在各种国际制度的安排中，作为行为体之一的国家，在处理国内和国际事务中，必须按照国际制度的约束来界定行为标准。这种约束带有一定的强制性，因此在全球化背景下，国家的界限在国际分工加速生产要素流通的情况下，变得愈发模糊，全球市场调控着各种生产要素往来于各个国家，使国家在国际体系内自主的行为受到越来越多的挑战，尤其是受到国际制度层面的约束。现存的国际制度保障着目前国际体系的正常运转，尤其是在经济领域，这种现象愈发明显。一个国家的经济政策，尤其是财政金融和贸易政策必须顺应全球化下的国际制度来制定，不能像以往那样仅针对国内的各个影响因子来制定相关政策。尽管国家作为行为体具有完全独立的行为能力，但加入世贸组织和国际货币基金组织等国际经济组织后，国家在制定宏观政策时，就要接受来自于各个国际组织的监督和各项国际制度的约束，例如国际货币基金组织在与受援国签订合作协议时，总是要求受援国让渡国家主权。这种要求在危机期间就更为苛刻，亚洲爆发金融危机时，韩国要求国际货币基金组织提供援助，以解燃眉之急，但是国际货币基金组织的贷款条件中，将开放韩国的金融市场作为先期条件，并要求韩国允许国外的银行和非银行的金融机构进入韩国市场，并全面参与韩国的证券交易活动，这实际上是让韩国出让一部分主权来换取贷款。为此，韩国公众将与国际货币基金组织签约的日期定为国耻日。国际货币基金组织的类似手段还用于墨西哥、泰国、印尼，尤其是在与印尼签订的条款中，要求印尼实施政治体制改革，最终导致苏哈托政权倒台，印尼社会爆发危机。这种约束国际组织成员的经济政策，在全球化时代下发挥着越来越重要的作用。

全球化背景下，在以往被视为禁区的军事安全领域，各国也不能单纯地暗中发展自己的军事装备。通常，军事安全是摆脱安全困境的重要保证，但是当安全困境减弱，甚至在区域内尤其是共同体内不再是问题时，国家的军事安全就被区域安全或是共同体安全所替代，在这样的情况下，一个国家单独发展军事力量自然会受到共同体的压力。另外，国际社会对军备安全的监督也超出历史上任何一个时期，尤其是在核安全方面。国际制度在设计上有明确的规定，严格限制核发展被用于民事设施。国际原子能机构的《规约》指出，如果一个国家做出违反国际原子能机构《规约》的相关核使用政策，那么国际原子能机构有权在不经过该国政府同意的前提下，对其核设施进行彻底检查。这种行为以往是对国家主权绝对的挑战，是绝不能被接受的，但是这种挑战在现今却成为各个国家都自愿接受的条款，国际原子能不断施加的压力也是其中一个重要因素。此外，一个国家在发展的过程当中，对该国地理管辖下的自然资源开发利用的权利，也不断受到来自国际环保组织跨越国界的挑战，以及相关国际法的约束。

第二节　利益共同体下的国家利益分析

自威斯特伐利亚体系形成后，国家的理性是获取国家利益的保证。但随着全球化的展开并深入到世界各地，国家利益慢慢地被"稀释"，尤其是传统意义上的国家利益最大化问题在全球化时代遇到巨大挑战，国际规则逐渐内化为国家内部的政策。在国际社会内，行为体之间的互动又重构了国际社会，给国际社会增添了很多内容和形式，使国家利益的实现形式和路径都变得复杂和多元。尤其是全球公共问题，单靠一个国家之力是无法解决的，即使是世界上实力最强的美国也不能为之。例如，"9·11"事件后，美国发动了反恐战争，虽然本·拉登被美军击毙，反恐战争结束，但是反恐战争并没有取得实质性的胜利，恐怖主义仍然是目前全人类的最大威胁。"伊斯兰国"的建立和背井离乡涌入欧洲的难民，都是恐怖主义在全球蔓延的结果。因此可以看出，国家利益得以最大实现的方式，不再是一个零和博弈的过程，只能是在合作中取得共赢，在为本国谋取利益的同时必须考虑到他国利益，就像美国发动伊拉克战争的目的是为了推翻萨达姆政权，但是没有注意到伊拉克本身的国家利益，最终使伊拉克成为恐怖主义的温床。所以，用权力和利益的方式处理现代国际关系，不再适应全球化现实的需求，势必会在全球化时代下出现错位，这种错位将会使得各方的利益受损。所以，必须看到权力和利益在国际政治日渐式微的现实，必须认清全球化时代下国际社会结构的变迁，必须正视在国家利益合理化的前提下重新定义人类整体利益的问题。在这个过程中，还需要对以往国家利益的实现方式进行再梳理，尤其不能以国家利益最大化的视角来处理国际事务，但在现实政治当中，国家利益最大化的魅影还不断地出现在国际政治的舞台上。

国家利益最大化的逻辑起点是，在国际无政府状态下，丛林法则让国家纯粹地作为单一行为体，在自助的环境下，国家为了实现利益最大化，无视其他行为体谋求基本生存与发展的核心利益，不断地穷尽一切办法和手段，追求自身利益的最大化。在这种思想指导下的国际实践过程中，现实主义政治观主宰着资本主义全球扩张，国家之间的关系处于弱肉强食的脆弱状态，是一种赤裸裸的掠夺与被掠夺的关系。在这种丛林法则下，道义和法律不起任何作用，如果国家间实力悬殊，就完全不具有博弈的条件，实力弱小的国家只能依靠强国来保证国家安全，当然没有免费的午餐，这其中弱小国家也必须付出相关代价，因为国家利益最大化下的国际关系中没有平等和理性的概念。19 世纪末 20 世纪初，追求实现工业化的欧美强国，为了实现国家利益最大化的目标，对亚洲、非洲等地区进行武力征服和殖民统治。这种国家利益最大化的实践方式在 20 世纪下半叶已遭国际社会摒弃，但是这种方式并没有停留在 20 世纪。从 21 世纪将近 20 年的国际政治实践中可以看出，国际关系强调最多的是在国家主权平等的前提下，通过国家间的合作来实现利益诉求，在实现国家利益的过程中强调的是使用和平手段分配利益，但是国家利益最大化的思想还时不时地在国际社会上出现，强权政治和霸权主义变换了行头，改变了行事方式，在国际舞台上纵横捭阖，其实质就是国家利益最大化的另一种实践方式。

主权、领土和人民（人口）是民族国家建立的三要素，民族国家的国家利益也就是保卫领土完整，主权不受侵犯，以及保障人民的福祉。自民族国家诞生以来，国家利益中最核心的两个要素就是国家的生存和安全，作为国家的根本利益，生存和安全又以个体利益的形式存在于国内的政治中，表现为国家对公民人权的保护，以及维护公民的自由和安全等。这里需要指出的是，人口问题是大国的一个重要指标，虽然有时我们认为中国的人均水平还很低，但要看到的是，衡量大国的标准不是以人均来衡量的，也就是说，人均 GDP 水平很高的新加坡和文莱，在亚太地区无论如何也不能算作大国；而人均水平排在一百多位之后的中国和印度，由于人口众多，在国际事务当中，无论如何也不能被忽视。冷战结束后，全球化深入发展，通过国家利益最大化来维护本国人民的利益与人类共同利益之间就出现了矛盾，并且这种矛盾逐渐被放大。国家利益最大化明显带有冷战以及冷战前的标签，这个标签的背后就是安全问题。为了国家安全，可以无视国际制度和人类共同的利益诉求，不惜通过核战争来解决安全问题，那个时代更多强调的是一个国家的整体利益，或者说仅仅是出于国界内的安全利益，却忽视了国界外个体对生存权利的需求，更无视人类的共同利益。但是在全球化时代下，战争退位于发展，安全已经不再是国家亟待解决的问题。在国家利益中，安全虽然还是核心因素，但是发展的重要性已经超越了安全。国家利益要素的换位就会造成国家利益与人类普遍利益的矛盾，或者说，这一矛盾的根源是，国家理性选择的途径都是为安全问题建构的，因为安全问题很好测量，就是以单体利益作为出发点来进行理性计算，对安全利益的理性选择会无视对国界外总体利益的考虑，但是在全球化时代，发展问题替代安全问题成为国家利益的首要考虑因素，而国家在理性选择上会认识到，国家的发展是寄托于国际社会的共同发展之下的，国家利益的获取，是建立在全人类共同利益这个前提下的，因此国家理性选择的途径就不能再以国家利益最大化作为测算的路径。所以，国家在实现自身利益的情况下是不会考虑到整体的利益得失的，也就是说不会去为谋求人类整体的利益而付诸行动，在实现国家利益最大化的过程中，往往会忽略对人类总体利益的考量。这个问题集中体现在气候问题上，各个国家都以自身利益的考虑为主，并没有上升到一个更高的全人类共同的利益上。自京都议定书问世以来，全球气候问题一直没有得到一个基本的解决方案，甚至连一个基本的共识都未达成，减排问题被认为是掐在国家发展的"七寸"上，因此国家利益最大化让国家间的减排协议始终未能达成。"我们在考虑相互依赖的世界中的国际制度和国际合作问题时，就不能仅仅停留或局限在国家间的私人利益（国家利益）相互作用这一点上，我们必须更多地重视国际社会的整体和公共利益。"① 所以，在全球化时代，要实现人类共同利益，国家需要超越以往被定义为经济人的"个体理性"，要以"公共理性"来推动国家间的合作，在这个过程中需要约束个体理性对利益最大化的追求。公共理性的概念最早由美国社会学家罗尔斯

---

① 苏长和：《全球公共问题与国际合作：一种制度的分析》，上海人民出版社2002年版，第125页。

提出，这一概念在被引入国际政治中时，又被丰富了新的注释：不仅是"自由公民在域内社会中讨论有关他们政府的宪法根本要素以及基本正义问题的公共理性"，也是"自由和平等的人民在讨论他们作为人民的彼此关系时的公共理性"。[①] 因此，国家间的政治活动在取得合情合理的本国利益时，也需要关注他国的利益，以及人类的普遍利益，并以此来寻找可以实现人类整体利益和国家利益的行为。其实，国家利益的最大化在新时代下需要有一个明晰的限制，或者说是一个边界和界限，那就是在不损害他人利益和国际社会整体利益之外的最大合理区间内实现各个国家利益的最大化。"合理的国家利益的实现必然成为追求全球利益的前提，反过来全球利益的实现可以更好地保证国家利益的实现。"[②] 全球化时代下，人类命运共同体愈发越凸显，在这样一个共同体内，需要超越的不仅是个体理性，更需要超越的是传统国家的狭隘思维，国际社会需要更多的公共理性来处理国际问题，全球治理才能成为可能。这既是国家利益实现的前提，也是国家利益实现的保证，更是对人类共同利益和国际正义的追求。

全球化的不断深入发展对"自助"式的国际体系冲击最大，国家充当个人利益"守夜人"的角色在不断地弱化，尤其是非国家行为体在全球化过程中的崛起和发展，不断冲击着作为传统行为体的国家的角色，跨国公司和非政府组织在国际政治中的话语权不断加重，与此同时，市场早已突破国界，要求在全球范围内通过国际贸易优化配置各种生产要素，以获取最佳效益和最大利润。因此，全球化的生产、国际化的贸易、无缝衔接的金融，以及在市场活动中扮演重要角色的跨国公司的迅猛发展，这种发展的必然趋向就是产生相互依存，形成"你中有我、我中有你"的局面，而产生这种局面的后果就是国家的弱化。在市场的调配资源的情况下，任何一个行为体都不可能通过一己之力来获得发展，越是开放程度高的国家发

[①] ［美］罗尔斯，陈肖生译：《万民法》，吉林出版集团有限公司2013年版，第97页。
[②] 蔡拓：《全球学导论》，北京大学出版社2015年版，第448页。

展得越快，而紧闭国门的国家就错过了发展的机会。近30年来，全球化对国家行为体提出前所未有的挑战，并且这些挑战是多层次的。

第一，民族国家的合法领土完整与世界经济一体化之间的差距越来越大。民族国家在调控自己国家内的经济领域上，从未像今天这样困难，由于国际分工将生产的链条延长，跨国公司对产品生产的调控力度要远远超出生产要素所在国家的干预；国际金融市场的无缝衔接，以及各国货币利率的市场变化，已大大超出国家调控金融的手段，20世纪后半叶国家管理经济的方式明显被世界经济一体化影响，国家管理的自主性被降低，进一步说，国家在本国内的治理，可能会有损公民自主决策的意愿。

第二，全球化为个人的自主性表达开启了全新的空间，个人的自主性不再为国家主权所限制。不管在跨太平洋伙伴关系协定（TPP），还是在跨大西洋贸易与投资伙伴关系协定（TTIP）中，都有让成员国家放松对人员流动控制的条款，并且这两个协议也是让渡国家主权最多的，加剧了权力从国家行为体转移的速度。在TPP提出解决争端的准则下，跨国公司可以向国际商业法庭提起因成员国家保护本国产业和消费者而损害到跨国公司投资的诉讼。另外，国际刑事法院（ICC）的一个核心原则是，人们应该为其对人类的行为负责，并且不再被国家主权所庇护。也就是说，任何国家的任何公民都有权要求领导人为其被控罪行负责，如果他（她）的国家无法这样做的话。[①] 虽然中美两个大国都拒绝允许自己的公民接受国际刑事法院的管辖，但是还有很多国家接受了国际刑事法院的管辖，这的确对传统意义上的国家主权是一个挑战。

第三，区域和全球超国家行为体的出现增加了国家行为体政治决策的复杂性。不可否认，全球化起源于西方发达国家，不可避免地具有西方社会的文化和政治背景，并且在全球化深化的过程中，西方的这种色彩更加

---

① ［加］斯蒂文·伯恩斯坦、威廉·科尔曼，丁开杰译：《不确定的合法性》，社会科学文献出版社2009年版，第12页。

明显，"它导致人们熟悉的自我形象和世界图景所依据的领土社会化和文化知识的制度原则瓦解"。① 全球化发展带来了诸多全球性问题，这些问题的复杂性以及解决问题的宽泛性已远远超越作为单个行为体的国家层面，需要通过国家间协调来加以解决。国际体系在形成之初，就有不允许权力真空存在太久的客观现实，当人类普遍利益在全球问题面前得不到满足的时候，就会出现权力真空，而一种能够保护人类利益的权力载体就会在国际社会当中被孕育出来，以填补这一真空。因此，多元的行为体的权力在解决国际问题时不断地加大，一些新的组织又在逐渐被重新组合，或者被赋予新的权力。联合国、世贸组织、欧盟等，这些代表人们共同利益的超国家行为体产生的背景，就是需要它们来解决当时已经超过单个行为体权力范围的全球问题，而在这些大的超国家行为体的周围还有数目众多的非政府组织，作为超国家行为体解决全球问题的补充活跃于国际舞台。国家不再是人类普遍利益的唯一维护者，国家在政治决策上不断地受到这些超国家行为体的压力，超国家行为体对人类共同利益的关注已经远远超越单个国家的利益，这就会给国家利益的建构和认知带来巨大的挑战。爆发于希腊的欧债危机，就是这个问题的集中体现，希腊将发行国家货币的权利交给了能代表欧洲共同利益的超国家行为体——欧盟，使得欧元成为在希腊流通的唯一货币。当然，国家主权的让渡也让希腊得到一些客观的实惠，但是当希腊出现债务危机后，就不能像常规国家那样，通过发行货币，让货币贬值来对冲危机，只能寄希望于超国家行为体。但是，欧盟代表的是全欧洲的利益，不会因为一个行为体的诉求就让欧元贬值，让其他国家利益受损，因此超国家行为体的政治压力，使国家政治决策的复杂性超出历史上任何一个时期，甚至形成身份认同上的挑战。希腊危机后，无论是作为超国家行为体的欧盟，还是希腊国家内部，针对主权的核心要素

---

① ［德］乌尔里希·贝克：《全球化时代民主怎样才是可行的》，贝克：《全球化与政治》，中央编译出版社2000年版，第14页。

的讨论一直在持续，国家主权受到来自各方的质疑和挑战。

因此，国家利益最大化的思想在人类进入 21 世纪后受到来自国家行为体之外的多重挑战，而在如何处理国家利益和全人类共同利益两者的关系上也存在各种争论，不可否认的是，不管是在国际关系理论的研究还是国际关系的实践中，国家利益的主导地位并没有被其他因素所代替，只是在人类共同体面前，需要从全人类共同利益的高度来思考国家利益，尤其是国家利益的制订一定要从全人类的共同利益出发，两者不能相悖，需要使这两者在国际关系领域中和谐统一地发展，并成为双重价值标准。① 虽然理论如此解释，但是实践层面的操作却很难。一方面，在全人类共同利益的标准认同上，各个国家、民族甚至宗教派别都有不同的主体认知，这里有很多差别，这个问题即使在一个国家内部的两个政党之间都会有不同的解释，更何况是在全球范围内寻求共识。另一方面，共同利益在国家间这个层面容易达成共识，但是当其超越了国家间的共同利益而上升到全人类价值层面时，要达成一致来应对，恐怕还需要更多的智慧。所以，在探讨全人类共同利益和人类命运共同体时，理论的可行性并不一定代表行动上的可行性，在付诸实践的过程中，一定会存在利益间的妥协和让渡。

第三节　利益共同体下的国家身份分析

共同体理论认为，共同体是一个拥有相同身份与特质的群体，它的建立不是受外力的驱动，其是建立在自然基础上的、有历史和思想积淀特点的联合体，是身份相同的特定群体共同的愿望、本能、习惯以及记忆；进一步说，共同体是人们对某种共同关系的心理反应，在共同体内直接表现

---

① 汤光鸿：《论国际关系的双重价值标准》，《现代国际关系》2004 年第 1 期。

为和睦、自愿、平等以及互助的关系。共同体内的成员在意识形态、价值信念等方面都具有高度的一致性，并且处于共享状态，共同体成员由于身份相同，在相互依赖当中获取安全归宿感。

欧盟是在欧共体的基础上发展过来的，对于欧洲共同体来说，内部成员之间有相似的宗教背景、趋同的意识形态和成熟的公民社会，这些因素决定了欧共体成员之间的相同身份，它们之间也就有了联合的可能，也为欧盟的建立创造了先决条件。当欧共体—欧盟出现在国际舞台时，在国际关系研究中，身份问题的重要性凸显，身份问题在国际政治中的作用受到越来越多的关注。在相关研究中，人们开始意识到，一个国家在国际体系中的身份是由多重因素构成的，与该国在国际体系中的地位、该国的敌人和朋友，以及该国在国际体系当中的利益需求和实现国家利益期待的要素等有关。一个国家的身份是不断变化的，它综合了历史、文化和社会等诸多因素，因此是一个历史产物，这就决定了在一定历史区间内，国家在特定条件和环境下对利益的诉求。也就是说，在国际体系内一个国家想要得到什么，以及期待获得什么而采取的相关行动，并非全部由国际体系中的物质结构决定，还与该国在国际体系中所处的地位和对国际体系的环境认知有直接的关系。

在国家的身份研究中，尤其是在建构主义学者眼里，国家身份的存在还取决于另外一个行为体的身份。在国际关系的身份研究中，"自我"和"他者"身份的识别和建构直接影响着国际体系的维持和重塑。从这个角度出发，不同的国家由于在国际体系中的身份不同，在国际体系内的利益诉求、政治意志和原则，以及核心价值和文化观念也各有千秋。而国家的领导者通常利用这些诉求、原则、观念和价值的不同，来强化与"他者"的差距，甚至放大差异化来起到凝聚民心的作用，政府因此就有了合法性和正当性。国家身份在对外政策制定的过程中有以下三个作用。

第一，对外政策制定的起因就是要确定"自我"和"他者"之间的关系，因为这种关系决定了国家的对外政策利益及行动。确定了一个什么样的关系，就会有什么样的政策来支撑。中国在与世界各个国家交往的过程中，首先也会将国家间的关系做一个定位，也就是做一个身份的确定。例如，战略合作伙伴关系、战略协作伙伴关系或战略互惠伙伴关系确定后，采取的交往政策就会有不同的侧重点。因此，制定对外政策前，首当其冲要解决身份定位问题，尤其要考虑"自我"与"他者"在互动过程中的身份，能否通过一系列的建构和维持达到期许关系的重塑，如此才能保证对外政策的可行性和可持续性。这就不难理解一个国家在对外政策制定过程中，对利益的追求和表现出来的行为主要看这个国家如何确定自己的身份，以及如何进行"自我"和"他者"身份的建构。基于此，国家实施对外政策的过程一直被认为是一种物质实践过程，驱动这种物质实践活动的动力来自于国内外的各种现实利益。因此，在解读一国的对外政策时，往往侧重于物质利益的分析，而忽视该国的文化和社会心理等观念性因素起到的相关作用。将物质实践的方法视为研究的重点，的确抓住了国际体系中影响国家间关系的重要物质要素，但绝不能仅限于物质要素，还要关注甚至提高文化建构作用，因为对外政策不仅来源于国家对国际体系物质结构的驱使，还关系着国际体系对国内政治经济和社会的影响，更重要的是关系着国家所追求和捍卫的核心价值，这是一个双向的互动影响的过程。从这个层面可以进一步说，国内外社会的观念结构主导着一个国家的对外政策，因此制定对外政策其实也是文化建构的过程。国家身份一旦被错误地认知，对外政策往往会失败，因此身份在世界政治中的作用获得越来越多的认可，并在国际关系研究中成为一个重要的学术探索领域。

第二，国家身份和对外政策两者之间的关系在相互建构过程中得以强化和确认。一个国家在制定对外政策时的可操作性取决于身份的认定、敌友关系的确定以及身处的国际体系环境。对外政策往往依赖于"自我"及"他者"身份的确定，以及通过对外政策的实施再对两者身份进行建构和再确定。例如，日本在成为现代国家的过程中，身份的问题决定了国家的兴衰成败。明治维新后，由于日本与清朝政府一样，是被西方列强强行打开国门的，日本曾试图与清朝政府修好，协力应对欧美列强的侵略。但是在看到欧美诸强的经济、政治和军事实力后，日本政府认识到身份定位限制了国家的崛起，自身必须重新定位，于是转变国家发展战略，进而放弃了1871年签订的《大日本国大清帝国修好条规》，身份的改变也使日本确立了"脱亚入欧"的战略。"脱亚入欧"就是日本身份自我建构的过程。日本虽然主动改变了身份，但是在很长一段时间内并没有得到国际社会的认可，也就是说欧美列强不承认日本新的身份定位。其实欧美列强不愿意轻易放弃在日本的利益，也就是与日本签订的不平等条约，这让日本的身份重构难以为继。这样一种尴尬的状况一直延续到19世纪末，日本等来了机会。1894年7月，英国为了保护其在远东的利益不受俄国的侵蚀，需要一个"第三方"来协助。由于当时的美国和法国在亚洲都有各自的利益，英国若与美法两国讨价还价，恐怕美法会要价过高，也会伤害到英国在远东的利益。权衡利弊后，英国将目光转向日本，由于当时日本还在为身份问题纠结，英国以此为交换条件对日本采取拉拢政策。最终，在中日甲午战争开战前，英日两国在伦敦签订了《日英通商航海条约》。该条约规定，条约签署5年后，也就是1899年废除英国在日本的治外法权。至此，日本实现了正常国家的愿望，也完成身份的重构。可以说，日本从一个半封建的社会、一个游离于国际体系之外的国家，通过国家身份的重构，成功融入国际体系内，还成为亚洲大国。如果没有他国（体系内国家）的认同与支持，日本的身份重构也只能流于形式。二战结束后，日本对自身定位进行了反思，在"和平宪法"的基础上，确认和平发展的身份后，加速推进现代化进程，从而为自身的经济复兴奠定了坚实基础，在1968年跃升为仅次于美国的第二大经济体。然而，日本从20世纪90年代末开始尝试突破"和平宪法"，为成为正常国家开始了身份的再一次重构和确定。但是，这一次的身份重构过程与上一次所处的国际环境有诸多不同。因此，通过日本身份确定和对外政策制定的过程，可以看出国家身份的重要性，身份不仅决定着一个国家利益的诉求和具体行为，还能在对外政策实践的过程中重新建构和强化，也就是说，身份和对外政策在相互影响中重构和促进。

第三，国家身份是一个不断被重新塑造的过程。"自我"和"他者"之间的互动，使国家的利益和行为也会随着"他者"的变化发生相应的改变，对外政策也会随之发生改变，以满足这种身份变化所带来的利益联动。由此，对外政策不断被"修正"，由于国际环境会不断变化，行为体也要随着这种变化重新认识新环境中的"自我"和"他者"，尤其是在国际体系中的结构变化，必须对国家的身份进行重新识别和定位，在复杂环境下重新建构和规定国家的利益诉求，适时调整对外政策，解决环境变化带来的新威胁。"自我"和"他者"在共同体形成的初期，区分还是比较明显的，但是随着交流的加深、人员往来的频繁、共同利益的逐渐扩大，"自我"和"他者"的界限就会模糊，更多地被"我们"所替代。欧盟在形成的过程中，申根协议对"我们"的概念起到最直接的影响，它打破了国家之间交往的界限，成为里程碑式协议，对后来的区域一体化建设具有重要的模式作用。在共同体内，"我们"这个概念决定着相同的世界观，并指导着"我们"或者是共同体采取相应的对外政策。因此，"自我"和"他者"之间的社会关系被清晰地表述出来，而通过这种区分，制定国家的对外政策也就顺理成章了。这里需要说明的是，无论是在国际体系内，还是在共同体的范畴里，行为体之间在互动过程形成国际关系，一般是由实力强的一方牵动的，强者掌握主动权。进一步说，身份的建构过程其实是一种权力形式。在外交实践中，强国往往利用身份在建构过程的主动性，随意将"他者"的身份重新确立，中美关系在克林顿时期被确定为战略合作伙伴关系，到了小布什上台后，就改成"战略竞争对手"。"邪恶轴心"和"无赖国家"等"他者"身份的确立,也是作为强者的美国不断地通过对"他者"身份的重新建构,来达到确立对手的过程,进而改变了美国与这些国家之间的关系。

第四节 "逆全球化"中的利益共同体分析

在现阶段人类历史进程尤其是过去30多年里,经济全球化是人类进步最重要的驱动力。这一时期也是中国改革开放不断深化的时期,中国与全球化耦合程度之深、范围之广,使自身得到一个难能可贵的战略机遇期,并且实现了短时期内的快速崛起。

金融危机爆发后,为了应对危机,解决危机带来的经济萧条问题,需要找到危机的根源,而发达国家认为危机的罪魁祸首是由它们主导的贸易自由化,并开始质疑全球化,使全球化在最近几年间遭遇严重波折。当然要看到的是,事物的发展都表现为螺旋上升的过程,全球化虽然给全球经济带来了繁荣,但在30多年的发展里,也累积了很多矛盾,其中一些矛盾得以解决,还有一些矛盾虽得到缓解,但并没有根除。本次金融危机暴露出众多新矛盾,以往没有根除的深层矛盾也随着这次危机而呈现出集中爆发的态势,新老矛盾集中爆发,让各个国家措手不及,而解决这些矛盾又没有太多及时有效的办法,这使各国执政党感受到巨大压力,而在野党却抓住这个千载难逢的机会,放大全球化的负面作用,争取因失业而愤怒的选民。这次的全球性危机影响范围广、持续时间长,各个民主国家都在这一时间段内经历政府换届,在野党打着"逆全球化"的牌子参加竞选很容易上台,这种效应跟金融危机的魅影一样,迅速蔓延,从欧洲的英国、法国、意大利到大西洋对岸的美国,"黑天鹅"事件接二连三,形成"逆全球化"现象。"逆全球化"现象背后是一种暗流涌动的思潮,"逆全球化"思潮与当初的全球化思潮一样,不仅有市场,而且已经形成有一定基础的社会共识。当初全球化在推进的过程中遇到的阻力很大,各国政治家的论调也很统一,"不管社会上怎么反对,即使下台,也要推进全球化"。而如今"逆全球化"思潮的推进者与当初他们的政治前辈一样,无论反对的声浪有多大,都要将保护主义进行到底。"逆全球化"思潮不断壮大,并推动着国际格局的转型。

从国际政治的视阈来观察,这次的全球化超过以往,并影响着全球的经济一体化,促进着全球政治的多极化,驱动着人类的进步,基本统揽了一切人类经济活动。这次全球化的主体是从西方国家的金融中心(纽约华尔街—法兰克福—伦敦—东京)出发的巨量跨国资本,并通过全球市场来配置开发全球范围内的资源和生产要素。这期间,在一轮又一轮新技术革命的催化和助推下,高效率地组织了从生产到销售,从分配到再生产,进而实现了全球范围内全产业链的联动,形成全球产业体系,进而形成经济和社会发展的有机完整体系。跨国资本以跨国企业为载体,受控于资本主体,跨越国家主权边界羁绊,在不同国家制度、不同意识形态领域以及不同民族宗教下,调配统一,联动迅速,最终形成经济一体化。资本对超级利润率的追求欲望,让其在全球范围内寻找更有竞争力的资源,以及能摊薄资本成本的生产要素。无论是在发达国家还是发展中国家,只要能有竞争力的资源以及便宜的生产要素,资本便会迅速在全球范围内配置,并很快流动到这些资源和生产要素的所在地,从而实现资本的高利润回报。这些跨国资本在不断逐利的过程中,也不断地完善着全球产业体系,改变着全球产业结构。以往带有全球性的或者说跨国性的产业体系,只存在于地区间和区域间,而在跨国资本的驱动下,全球性的产业体系不断完善,加工制造业在产业结构调整过程中变化最大,实现了全产业的变化,生产环节向人力资本低或靠近资源来源地的发展中国家,特别是新兴的工业国家和地区大规模转移,而创研行业、高科技行业,以及高级服务业和金融产业等越来越集中于发达国家，由此发达国家从智力和财力高端掌控着全球经济，发达国家的传统制造业或高端制造业中的低端生产环节快速迁移到发展中国家，导致发达国家大量工作岗位流失，这也是此次全球化带来的必然结果。可见，发达国家出现失业率居高不下的局面不是因为发展中国家剥夺了发达国家工人的工作机会，而是发达国家的资本让他们的制造业工人失业的，但这一深层的原因不会在竞选中出现，因为发达国家的选举政治中，一定要得到数目巨大的产业工人的选票，而这次"逆全球化"思潮就是利用了产业工人。另外，国际金融行业逐渐演变成"财富制造"的新兴部门，它们在发达国家基本掌控人类所有的生产活动，全球产业结构的调整都是由居于最高端的金融行业操控的。

在这次由全球化带来的全球产业结构调整中，出现了两种贫富差距拉大的现象：一种是国家间的贫富差距拉大，另一种是国家内部的贫富差距拉大。全球化虽然让新兴工业化国家和资源国家快速成为全球产业链中的重要一环，并得到快速发展，但这两类国家处于全球产业链的末端，并没有分配产业资本的主动权，在产业链条上快速形成的产业财富通过主导着——跨国资本来分配，这必然会让财富迅速回流到资本的母国，并集聚到全球各大财团囊中，并没有惠及新型工业国家和资源国家的产业工人，由此形成资本财富由发达国家到新兴工业国家和资源国家，再到其他发展中国家这样一种循环，导致全球范围内的国家间财富分配不均衡，国家间贫富差距扩大，而这就给民族主义的生发提供了温床。另一种贫富差距拉大的现象存在于国家内部。由于产业结构的调整，国家的社会阶层矛盾被激化，紧张程度加剧，全球范围内的民粹主义兴起就是利用了这样一种矛盾。金融危机使发达国家的中产阶级损失巨大，而产业机构的调整又使传统的中产阶层利益不断被侵蚀，西方社会以往"橄榄型"的社会结构逐渐萎缩。产业结构的调整使经济结构发生变化，最终联动的是社会结构，而利益分配不公又激活了民粹主义。特朗普能当选总统的原因之一，就是利用了传统中产阶层的不满和愤怒，他们在社会中数目众多，虽然对政治的关心不及上层阶层，但是一旦他们的激情被点燃，对于一人一票的选举政治来说，中产阶层绝对是一个重要票仓。特朗普在选举中一再强调"美国梦不再"，不但利用了移民争夺工作机会的种族焦虑，以及经济恶化都由精英政治引起的反精英情绪，而且利用了美国中产阶层的情绪，即他们渴望而强人来改变现状。特朗普的言论和思想与欧洲的反全球化以及排外的右翼政治隔着大西洋遥相呼应。而在新兴工业国家和资源国家的内部，腐败盛行、基尼系数高企，造成社会阶层间的矛盾激化。而在全球产业链之外，也就是没有被全球化惠及的地区，形成所谓的"失败国家"。在这样的国家里，"逆全球化"推动了极端宗教势力发展，导致国际恐怖主义在反恐战争后不但没有被根除，反而另辟蹊径，并掀起涌向西方的难民潮，更助长了西方民粹主义，进而造成地缘政治危机。

后危机时代，世界各国都在对危机进行反思，对过去的新老矛盾进行社会调节。矛盾集中爆发后，应该选择哪一种方案，国际社会都有一个基本共识，在 G20 峰会上，各国对问题也有了一致的认识和应对方案。可以说，危机后全球对公共产品的需求超过了以往，而在全球治理应该发挥出最大作用的时候，供给却出现严重不足的情况。最根本的原因在于，全球治理的体制存在诸多弊端，从而限制了公共产品在全球的有效供给。全球治理体制架构都是由美欧发达国家在二战后建立的，全球治理中的公共产品也是由欧美发达国家提供的，在金融危机爆发程度最深的时候，美欧已经精疲力竭、无力应对，这才将国际货币基金组织的投票份额向中国等新兴经济体让渡，但是美国仍保留着否决权，也就是说全球治理的"开关"还掌握在西方国家手里。由西方思潮变化引起的政局变动，给全球化带来了一系列阴影，尤其是美国退出 TPP，表明世界自由贸易体系面临转折，严重动摇了美国的全球影响力和领导力。从美国的贸易保护主义抬头可以清晰地看出，作为过去全球公共产品的最大提供者，美国今后对国际公共品的供给意愿明显下降，国际社会权力结构要随着美欧政局的变化而发生改变。

　　作为国际公共产品的现行国际贸易体制，是由西方国家主导建立的。与早期通过赤裸裸的暴力殖民主义推进的全球贸易制度不同，现行的国际贸易体制是二战后确立的，是在和平的前提下建立的。目前来看，其虽有不公平的地方，但是对各国来说，仍具有一定的代表性，尤其是对中国来说，其发展途径大多依靠与国际接轨，而接的轨道就是现存的国际贸易体制。中国接受了由西方主导的国际贸易体制，并处理好了与自由秩序、国际经济秩序的关系。目前，在美欧减少国际公共产品特别是国际贸易体制供应的时候，中国通过和平崛起带来的发展红利正在向国际社会增加国际公共产品供应，可以说国际社会权力的变化给中国带来了历史契机。其实，在应对国际金融危机时，中国通过G20已经向世界展示了中国的智慧，并对现有全球治理机制的改革提出了中国方案，即通过贸易和投资自由化和便利化来重振全球的贸易和投资活力。在中国主导下，"一带一路"倡议得到发展中国家的认同，并通过加速推进亚太区域全面经济伙伴关系协定（RCEP）得到周边国家的认可，最终建立亚太自由贸易区（FTAAP），引领区域经济建设向更互惠和更包容的方向发展。中国在和平崛起的过程中，一直秉持着全方位地与一切相关国家和地区处理好关系这样一个原则。也正因如此，中国需要全方位地同周边国家和地区，同一切相关国家和地区，逐步构建利益汇合点，构建利益共同体。[①] 不管是"一带一路"倡议，还是金砖银行和亚洲基础设施投资银行，这些中国提供的国际公共产品，都吸收和借鉴了现存的全球贸易体制规则，虽然TPP被美国否决，但是留下的区域合作条款和标准也是中国推进RCEP和FTAAP进程的借鉴，为亚太引领世界经济提供了智力，创造了动力。

---

　　① 郑必坚：《在和平发展中构建利益共同体》，《人民日报》2013年第3（17）期，第9页。

全球化与利益共同体

尽管中国目前面临诸多困难，但中国改革的方向明确后就不会动摇，其将有效地推动国际合作，为世界经济提供更多优惠的国际公共产品，以利益共同体引领全球治理。

总而言之，本章论述的是利益共同体的时代背景，以及利益共同体需要解决的问题。全球化的深入发展，一方面促使国际分工细化，国家的身份也在这个过程中越发明确，另一方面促使国家利益发生变化，注入新的含义。作为世界大国之一的中国，在融入国际体系的过程中，严格按照国际制度行事，并未破坏现存的制度，而是积极地推动国际制度向更合理的方向发展。但是现存的国际制度却遇到来自制定者的阻力，贸易保护主义在西方抬头，并成为思潮冲击着自由贸易制度，如何应对这种逆全球化的浪潮，成为诸多国家面对的课题。中国提出的利益共同体战略思想是对这种逆全球化思潮的有力回应，得到众多国家的响应，成为中国向国际体系提供的有影响力的公共产品之一。

参考文献

一、中文资料

（一）著作（含译著）

[1]《马克思恩格斯选集（第 1 卷》，人民出版社 1995 年版。

[2][英]涂尔干，渠东译：《社会分工论》，商务印书馆 2003 年版。

[3][古希腊]亚里士多德，颜一、秦典华译：《亚里士多德选集·政治学卷》，中国人民大学出版社 1999 年版。

[4][英]霍布斯，黎思复、黎廷弼译：《利维坦》，商务印书馆 1995 年版。

[5][英]齐格蒙特·鲍曼，欧阳景根译：《共同体》，江苏人民出版社 2007 年版。

[6][德]斐迪南·滕尼斯，林荣远译：《共同体与社会》，商务印书馆 1999 年版。

[7][美]罗尔斯，陈肖生译：《万民法》，吉林出版集团有限公司 2013 年版。

[8][加]斯蒂文·伯恩斯坦、威廉·科尔曼，丁开杰译：《不确定的合法性》，社会科学文献出版社 2009 年版。

[9][德]乌尔里希·贝克:《全球化与政治》,中央编译出版社2000年版。

[10][美]迈克尔·桑德尔,万俊人等译:《自由主义与正义的局限》,译林出版社2001年版。

[11][美]彼得·卡赞斯坦、罗伯特·基欧汉、斯蒂芬·克拉斯纳,秦亚青、苏长和、门洪华、魏玲译:《世界政治理论的探索与争鸣》,上海人民出版社2006年版。

[12][美]布鲁斯·琼斯,秦亚青等译:《权力与责任》,世界知识出版社2009年版。

[13][美]金骏远,王军、林民旺译:《中国大战略与国际安全》,社会科学文献出版社2008年版。

[14][美]肯尼思·沃尔兹,秦亚青等:《国际政治理论》,北京大学出版社2004年版。

[15][美]罗伯特·基欧汉,苏长和、信强、何曜译:《霸权之后:世界政治经济中的合作与纷争》,上海人民出版社2006年版。

[16][美]亚历山大·温特,秦亚青等:《国际政治的社会理论》,北京大学出版社2005年版。

[17]苏长和:《全球公共问题与国际合作:一种制度的分析》,上海人民出版社2002年版。

[18]李义天:《共同体与政治团结》,社会科学文献出版社2011年版。

[19]蔡拓等:《全球学导论》,北京大学出版社2015年版。

[20]阎学通:《中国国家利益分析》,天津人民出版社1996年版。

[21]门洪华:《和平的纬度:联合国集体安全机制研究》,上海人民出版社2002年版。

[22]门洪华:《中国国际战略导论》,清华大学出版社2009年版。

[23] 潘振强：《国际裁军与军备控制》，国防大学出版社1996年版。

[24] 秦亚青：《权力、制度、文化：国际关系理论与方法论研究文集》，北京大学出版社2005年版。

[25] 秦亚青：《文化与国际社会：建构主义国际关系理论研究》，世界知识出版社2006年版。

[26] 曲星：《中国外交50年》，江苏人民出版社2000年版。

[27] 阮宗泽：《中国崛起与东亚国际秩序的转型——共有利益的塑造与拓展》，北京大学出版社2007年版。

[28] 吴大辉：《防范与合作：苏联解体后的俄美核安全关系（1991—2005）》，北京人民出版社2005年版。

[29] 夏建平：《认同与国际合作》，世界知识出版社2006年版。

[30] 夏立平：《亚太地区军备控制与安全》，上海人民出版社2002年版。

[31] 许嘉：《中国国家利益与影响》，时事出版社2006年版。

（二）期刊文章

[1] 国务院新闻办公室：《中国的和平发展》，《人民日报》2011年9月7日。

[2] 习近平：《推动全球治理体制更加公正更加合理为我国发展和世界和平创造有利条件》，《人民日报》2015年10月14日。

[3] 习近平：《推动全球治理体制更加公正更加合理》，《中国领导科学》2015年12月15日。

[4] 郑必坚：《中国和平发展道路与构建利益共同体》，《解放日报》2013年3月24日。

[5] 郑必坚：《全方位构建"利益和利害共同体"——面对全球发展趋势和共同挑战的选择》，《瞭望》2010年第11期。

［6］郑必坚：《中国和平发展道路与构建利益共同体》，《解放日报》2013年3月24日。

［7］邢广程：《理解中国现代丝绸之路战略——中国与世界深度互动的新型链接范式》，《世界经济与政治》2014年第12期。

［8］高健：《和谐社会的经济基础——利益共同体》，《生产力研究》2006年第6期。

［9］黄高晓：《论习近平推动全球治理体制变革思想》，《广西社会科学》2016年第6期。

［10］易鸣：《经济利益共同体的形成条件和制度安排》，《商场现代化》2009年第5期。

［11］潘光：《亚欧会议的新一轮扩大和发展新机遇》，《求是》2010年第11期。

［12］张宇燕：《全球治理的中国视角》，《世界经济与政治》2016年第9期。

［13］姚琨：《联合国2015年后发展议程浅析》，《国际研究参考》2015年第10期。

［14］许亚岚：《2016资本市场大事记》，《经济》2016年第12期。

［15］门洪华：《中国对美国的主流战略认知》，《国际观察》2014年第1期。

［16］邢悦：《国家利益的客观性与主观性》，《世界经济与政治》2003年第5期。

［17］俞正梁：《变动中的国家利益与国家利益观》，《复旦学报（社会科学版）》1994年第1期。

［18］张清：《摩根索国际政治权力与利益理论》，《太平洋学报》2006年第4期。

［19］刘建飞：《论意识形态与国家利益的关系》，《现代国际关系》

2001年第7期。

[20] 刘志云：《国家利益理论的演进与现代国际法——一种从国际关系理论视角的分析》，《武大国际法评论》2008年第10期。

[21] 李少军：《论国家利益》，《世界经济与政治》2003年第1期。

[22] 王逸舟：《国家利益再思考》，《中国社会科学》2002年第3期。

[23] 封永平：《西方国际政治理论视野中的国家利益研究》，《学术论坛》2011年第12期。

[24] 方长平、冯秀珍：《国家利益研究的范式之争：新现实主义、新自由主义和建构主义》，《国际论坛》2002年第6期。

[25] 李巍：《霸权国与国际公共物品——美国在地区金融危机中的选择性援助行为》，《国际政治研究》2007年第8期。

[26] 刘彬、蔡拓：《"国家利益最大化"的反思与超越》，《国际观察》2015年第9期。

[27] 贺金瑞：《论多民族国家协调发展的政治基础》，《马克思主义哲学论丛》2013年第12期。

[28] 郭树勇：《美国大战略的理论图景与历史逻辑——评阿特的〈美国大战略〉》，《美国研究》2005年第3期。

[29] 高兰：《日本海洋战略的发展及其国际影响》，《外交评论》2012年第11期。

[30] 朱成虎：《关于当前世界战略格局的几点思考》，《世界经济与政治》2011年第2期。

[31] 戴秉国：《坚持走和平发展道路》，《当代世界》2010年第12期。

[32] 王公龙：《关于国家核心利益的几点思考》，《国际展望》2011年第7期。

[33] 张学军：《欧洲的共同体与共同体主义》，《中国图书评论》

2010年第7期。

[34] 高石磊：《马克思共同体思想意蕴研究》，《求实》2015年第6期。

[35] 郭台辉：《共同体：一种想象出来的安全感——鲍曼对共同体主义的批评》，《复旦公共行政评论》2007年第11期。

[36] 王江丽：《非传统安全语境下的"安全共同体"》，《世界经济与政治》2009年第3期。

[37] 郭台辉：《共同体：一种想象出来的安全感——鲍曼对共同体主义的批评》，《现代哲学》2007年第9期。

[38] 贺来：《"关系理性"与真实的"共同体"》，《中国社会科学》2015年第6期。

[39] 陈周旺：《共同体主义对当代西方自由主义的批判》，《现代哲学》2000年第6期。

[40] 田毅：《作为"共同体"的单位》，《社会学评论》2014年第12期。

[41] 龚群：《卢梭与马克思的平等观》，《马克思主义与现实》2012年第5期。

[42] 秦晖：《共同体、社会大共同体：评滕尼斯的"共同体与社会"》，《书屋》2002年第2期。

[43] 俞新天：《妥善处理国家利益与全人类共同利益的关系》，《国际观察》2005年第6期。

[44] 蔡拓、唐静：《全球化时代国家利益的定位与维护》，《南开学报》2001年第9期。

[45] 陈向阳：《未来五年中国经济外交大格局》，《时事报告》2015年第12期。

[46] 陈宗海：《关于和平发展道路的几点理论思考》，《当代世界》

2014 年第 8 期。

［47］潘光：《亚欧会议的新一轮扩大和发展新机遇》，《求是》2010 年第 11 期。

［48］姚琨：《联合国 2015 年后发展议程浅析》，《国际研究参考》2015 年第 10 期。

［49］丁工：《从全球治理视角透析中等强国合作体的意义与前景》，《太平洋学报》2016 年第 3 期。

［50］汤光鸿：《论国际关系的双重价值标准》，《现代国际关系》2004 年第 1 期。

［51］［美］江忆恩：《美国学者关于中国与国际组织关系研究概述》，《世界经济与政治》2001 年第 8 期。

［52］［美］江忆恩、李韬：《简论国际机制对国家行为的影响》，《世界经济与政治》2002 年第 12 期。

二、英文资料

［1］Alvin Z. Rubinstein, America's National Interest in a Post - Cold War World, Issues and Dilemmas.

［2］Hans Morgenthau, Another Great Debate: the National Interest of the US, in The American Political Science Review, No. 4, 1952

［3］Hans Morgenthau, "The National Interest of the United States," American Political Science Review.

［4］Thomas Robinson, "National Interests," in James N. Rosenau, ed., International Politics and Foreign Policy: A Reader in Research and Theory, New York: Free Press, 1969. 转引自 Mark R. Amstutz, International Conflicate and Cooperation, Boston: McGraw - Hill, 1999.

[5] Bill Mc Sweeney, Security, Identity and interests: A sociology of international relations, Cambridge University Press, 1999.

[6] Brad Roberts, Weapons Proliferation and World Order, Kluwer Law International, 1996.

[7] David Baldwin ed., Neorealism and neoliberalism: contemporary debate, Columbia University Press, 1993.

[8] David Shambaugh, T. Robinson, eds., Chinese Foreign Policy: theory and practice, Oxford, 1993.

[9] Elizabeth Economy and Michael Oksenberg, eds., China joins the world: 165 progress and prospects, Council on Foreign Relations Press, NY, 1999.

[10] Gerald Segal, William Tow eds., Chinese Defense policy, Macmillan Press, 1984.

[11] Gill Bates, Rising star: China's new security diplomacy, Brookings Institution Press, 2007.

[12] Medeiros, Evan, Shaping China's foreign policy: The evolution of Chinese policies on WMD Nonproliferation, Stanford: Stanford University Press, 2006.

[13] Guoguang Wu and Helen Lansdowne eds., China Turns to Multilateralism: Foreign policy and regional security, Routhledge, 2008.

[14] Jeffrey Lewis, The minimum means of reprisal: China's search for security in the nuclear age, American academy of arts and sciences, MIT press, 2007.

[15] J. Ikenberry and Michael Mastanduno eds., International relations theory and the Asia - pacific, Columbia University Press, 2003.

[16] Morten Bremer Maerli and Sverre Lodggard eds., Nuclear Prolifera-

tion and International Security, Routledge, 2007.

[17] Peter Clausen, Nonproliferation and the national interests: America's response to the spread of nuclear weapons, Harper Collins College Publishers, 1993.

[18] Peter van ham, Managing nonproliferation regimes in the 1990s, The Royal Institute of International Affairs, Pinter Publishers London, 1993.

[19] Robert Keohane, After hegemony: cooperation and Discord in world political economy, Princeton University Press, 1984.

[20] Robert O. Keohane and Joseph S. Nye, Power and Interdependence, Longman, 2001.